# 아오지에서
# 서울까지

북한여성의 평범한 남한성공기

# 아오지에서 서울까지

− 북한여성의 평범한 남한성공기

**초판 1쇄 인쇄** 2017년 8월 14일
**초판 1쇄 발행** 2017년 8월 21일
−
**지은이** 김수진
**펴낸이** 이방원
**기 획** 이윤석
**편 집** 김명희 · 강윤경 · 홍순용 · 윤원진
**디자인** 손경화 · 전계숙
**마케팅** 최성수
−
**펴낸곳** 세창미디어

　　　출판신고 2013년 1월 4일 제312−2013−000002호

　　　주소 03735 서울특별시 서대문구 경기대로 88 냉천빌딩 4층

　　　전화 02−723−8660 | 팩스 02−720−4579

　　　이메일 edit@sechangpub.co.kr | 홈페이지 http://www.sechangpub.co.kr

−

ISBN 978 − 89 − 5586 − 501 − 1　03190

이 도서의 국립중앙도서관 출판시도서목록(CIP)은 서지정보유통지원시스템 홈페이지(http://seoji.nl.go.kr)와
국가자료공동목록시스템(http://www.nl.go.kr/kolisnet)에서 이용하실 수 있습니다. (CIP제어번호: CIP2017020125)

# 아오지에서

북한여성의 평범한 남한성공기

# 서울까지

김수진 지음

**세창미디어**
MEDIA

**십 년 전, 나는 빈털터리였다.**

햇볕이 따스하게 들어온다. 창밖으로 63빌딩과 남산타워가 보인다. 이곳은 서울이다. 내가 인천공항에 첫발을 내디딘 그날로부터 꼭 10년이 흘렀다. 그 시간 동안 난 어떻게 살아왔는가? 난 얼마나 이루었을까? 삶의 시간에 얼마나 중요한 순간들을 남겼을까? 문득 글을 쓰고 싶어졌다. 그런데 내 글을 누가 읽을까? 내가 아는 상식으로는 책은 성공한 사람들이 쓰는 전유물이 아니던가!

**나는 두 아이를 키우는 엄마다.**

아쉽게도 나는 큰애가 고등학생이 될 때까지 단 한 번도 선생님을 찾아뵙지 못했다. 더구나 십여 번의 이사로 전학하는 새 학교들도 나는 학교 앞에서, 저만치 걸어서 등교하는 아이의 뒷모습을 지켜보기만 한 엄마다.

6개월 때부터 어린이집에 다니는 둘째! 어린이집에서의 생활과 친구 사이를 너무너무 알고 싶지만 나는 선생님 상담을 어떤 이유를 대서라도 피하는 엄마다. 나의 말투와 외모에서 풍기는 북한사람이라는 이미지 때문에, 그로 인해 우리 아이들에게 피해가 있을까 봐, 이미 마음 깊은 곳으로부터 형성된 열등감으로 인해, 오늘도 나는 아이의 뒷모습만 보는 엄마다. 내가 지독하게 싫어서 그리고 남편이, 우리 아이들의 엄마와 아빠가 북한사람이라고 사회에 알려지는 게 죽기보다 싫어서 나는 북한이라는 내 고향을 감추고 싶었다.

**그런데도 나는 책을 내기로 했다.**

십 년 동안의 기록을, 나의 기억에서 잊혀 갈 수도 있는 이야기들을 담담하게 쓰고 싶어졌다. 혹시나 내일 나에게 닥칠 수 있는 불의의 사고나, 운명의 장난이나, 뭔가 터질 것 같은 불안한 앞날, 더구나 경기의 불확실성으로 기대할 수 없는 나의 정신력이 지금 아니면 안 될 것 같아서 나는 책을 내기로 했다.

누군가는 아주 쉽게 보낼 수도 있는 하루와 한 시간이 나에게는 십 년 동안 소스라치게 정신 줄을 놓을 수가 없었던 연속이었다. 그리고 누군가는 아주 평범하게 보일 수 있는 나의 삶의 기록이 천고를 딛고 이겨 내는 아픔을 겪으며 성장할 수밖에 없는 기적의 순간들이라고 말하고 싶다. 이렇게 나는 북한의 아오지에서 태어나 십 년 전 아무것도 없는 텅 빈 마음에서 남한생활을 시작한 이야기를 쓰려고 한다.

2017년 7월
김수진

목 차

제1장

# 빈손으로

# 1.

인천공항에서의 첫 숨,
그것은 마치 고향의 공기였다

2006년 5월 24일

우리 일행은 방콕공항에서 한국행 비행기에 올랐다. 가장 뒤쪽
한 줄에 쭉 앉았다. 생전 처음으로 비행기를 타 보았다. 이륙하는
순간 만감이 교차한다. 1분 1초를 세는 6시간이 지나 한국에 도착
하였다. 혹시나 하는 공포에 떠는 얼굴을 가리느라 마스크와 모자
를 깊숙이 썼다. 그리고는 모든 승객이 다 내리기를 기다렸다. 승무
원이 다가와 따라오라고 한다. 겁에 질린 내 눈에는 인천공항의 바
닥 대리석 길밖에 보이지 않았다.

줄 맞추어 걸어가는 많은 사람의 신발들이 보인다. 조용하고 적
막한 기운이 감돌고 쓰적쓰적 옷깃이 스치는 소리도 들린다. 내가
살아서 한국으로 온 것이 믿어지지 않았다. 여기 지금 내가 걷고 있
는 땅이 한국 땅이라는 것이 실감 나지 않았다.

잠깐의 기억 속에도 공항을 빠져나올 때 깊이 들이마셨던 첫 숨결! 폐부로 느껴지는 그것은 너무나도 그리던 내 고향의 공기였다. 위험이 도사리고 있던 지금까지의 체류지 공기와는 완연히 다른 내 고향의 공기였다. 좀 더 깊이 호흡해 보았다. 상쾌한 공기가 폐 속으로 깊숙이 들어왔다. 그것은 내가 태어난 고향의 공기와 같았다.

검색대를 통과하기 전, 어떤 빈방으로 들어갔다. 그곳에는 점잖은 분들이 세 명 정도 계셨다. 눈길이 예사롭지 않았고 약간 섬뜩한 기운도 느꼈다. 한 명 한 명 이름을 대조하더니 무서운 어조로 따라오라고 한다. 공항 밖에는 버스가 대기하고 있었다. 한 시간 정도 달렸다. 머리를 들어 차창 밖에 보이는 도로와 건물들, 파란 하늘과 구름, 차들이 시원하게 달리는 도로를 보고 깜짝 놀랐다. 너무나도 잘 닦아진 도로를 달리는 차들이 황홀하였다. 즐비한 아파트들과 거대한 건물들이 위압적으로 다가왔다.

△ 북한의 수신호 교통안전원

차를 타고 달리는 동안 깜짝 놀란 것은 교차로에 수신호 교통안전원이 없는 점이었다. 수많은 차가 수신호 없는 거리를 약속한 듯이 달리는 것이 신기했다. 신호등이 빨간색, 녹색, 노란색이 교차할 때마다 서로 주고받으며 달리는 무언의 뭔가가 있는 것 같았다. 북한에는 교차로마다 수신호 교통안전원이 지휘봉에 따라 차들이 달리는데…. 처음 보는 광경이었다. 그렇게 나는 어딘지 모르는 울타리 안에 들어오게 되었다.

"어머니~ 내가 이제 크게 말해도 됩니까?"

7살 딸내미가 잡은 손에 힘을 주는 순간, 나보다 더 무서웠을 아이의 얼굴에 볼을 마주 대었다.

"그래! 무서웠지? 이제는 큰 소리로 말해도 된단다. 여기는 남조선이라고 부르는 곳이란다."

작은 귓속말로 아이를 안심시켰다. 아이에게 이런 순간들은 여러 번 있었다. 그해 1월, 집을 나온 순간부터 극도의 무서움이 항상 따라다녔었다. 위기의 순간들에도 항상 나는 설사 죽더라도 아이만은 살려야겠다는 생각을 하게 되었고, 혹시나 탈북과정에 붙잡히면 엄마와 헤어질 수도 있다는 것을 아이도 느끼고 있었다. 그래서 더욱 꼭 잡은 손이었다. 이제 그것을 풀었다.

우리는 젊은 군인들이 쭉 서 있는 곳으로 들어갔다. 가지고 온 짐을 검사한다고 한다. 한참이 흘렀다. 내가 북한에서부터 가지고 온 얼마 안 되는 돈과 공민증을 회수한다고 한다. 그런데 북한 같으면 그냥 압수하면 될 것을 나에게 동의를 구하는 것이다. 조사하시는 분이 쓰라고 하는 종이에는 '필요치 않으므로 본인의 동의하에 소각한다'는 문구가 있었다. 처음으로 느끼는 나의 권리였다.

간단한 신체검사와 건강검사를 진행했다. 여성들은 산부인과 검진도 하였다. 검사를 마치고 나서 식사를 하는 곳으로 이동하였다. 각종 산해진미가 가득한 풍성한 식사를 받고 보니 눈물이 앞을 가렸다. 거기에 갈아입을 옷부터 생필품까지, 사람마다 가득 받았다. 어린 딸도 똑같았다. 함께 지낼 숙소까지 배정받고 나니 그동안의 긴장이 풀렸고 고마운 마음이 가슴 가득 차올랐다. 여기는 내 아이보다 더 어린아이들부터 나이 드신 어르신들까지 수백 명이 체류하고 있는 국정원 조사 기관이었다. 나는 드디어 억양과 차림이 같고 태어난 곳이 같은 사람들 속에서 무서움이 사라졌다.

정말 이렇게 많은 줄은 몰랐다. 입소 후 나와 아이는 독방으로 옮겨갔다. 일주일 정도 외부와 차단된 강도 높은 조사가 이루어졌다. 당연하다고 받아들였다. 간첩도 들어올 수 있겠고 나를 얼마나 믿고 국적을 주겠는가. 과거 경력을 솔직히 말씀드렸고 다행히도 남편과 나의 증언이 일치하므로 조사 기간은 그리 오래 걸리지 않았다. 조사가 끝나고 나서 운동프로그램과 교육프로그램이 이어졌다. 특히 이 기간에 질병이나 전염병을 가지고 있는 보균자들에 대한

△ 경기 안성시 하나원

△ 하나원 구내식당

격리와 치료가 진행되었다.

그렇게 2개월 정도의 국정원 기간이 지나갔다. 내 얼굴도 많이 평온해졌고 아이도 이제 또래 친구들을 많이 사귀었다. 그리고 또 다른 정착보호시설인 '하나원'으로 130명 정도가 함께 넘어갔다. 여성만 머물 수 있는 안성의 하나원에는 몇백 명의 인원이 넘쳐나고 있었다.

아침 기상 시간마다 나오는 애국가, 저녁 취침시간마다 나오는 애국가를 들으며 외웠다. 북한 애국가가 잊혀지고 남한 애국가가 아로새겨지고 있었다. 이때부터 나는 대한민국의 국민으로 성장하고 있었다. 또한, 3개월 정도 교육을 받은 그곳에서 기쁨과 희망이 샘솟듯 솟아올랐다. 모든 사람이 그러하듯 내 가슴에도 가득하게 꿈이 부풀었다. 한국사와 역사, 북한 정치권력의 치부, 왜곡된 김부자 역사 등 살아서 알아 왔던 북한의 모든 기억들이 잘못되었음을 느낀 곳도 하나원이었다. 독서실의 수많은 책과 컴퓨터를 통해 세상을 알게 되었고 살았던 곳에 대한 배신감도 들었다. 아직도 그곳에 살면서 충성 다하는 나의 형제들을 너무나 좋은 이곳으로 데려오고 싶었다.

## 2006년 8월 20일

오늘 밤이 지나면 우리가 머물던 하나원을 떠나는 날이다. 그동안 함께 지냈던 사람들과 이별을 해야 하는 날이었다. 그렇게 잠들 수 없는 마지막 밤, 서로는 말없이 눈을 슴벅이며 연락처를 교환하였다. 어떤 연락처든 있는 사람들보다는 없는 사람들이 더 많았다. 우리 중 혹시 먼저 온 친인척이 있으면 친인척 연락처를 교환하게 된다. 나는 남한 땅에 아는 사람 하나 없으니 연락 달라고 줄 수 있는 전화번호가 한 개도 없었다.

친인척의 도움으로 가는 사람들은 자랑도 많았다. 남편이 데려가는 가족, 동생이 데려가는 가족, 언니가 데려가는 가족, 아들이 데려가는 부모 등 먼저 온 친인척이 있는 사람들은 기쁨에 넘쳐 있다. 생과 사를 넘나드는 위험한 고비를 넘어온지라 그 시간을 이기고 사회에 진출하게 되는 기쁨은 이루 말할 수가 없었다.

나는 기쁘기도 하지만 마음 한구석에는 '이제 뭐 해 먹으며 우리 세 식구가 살아갈까?' 하는 위구심도 들었다. 아무도 없는 남한 땅에서 혼자서 헤쳐 가야 하는 앞날이 두려웠다. 그리고 기뻐하는 그들이 부러웠다. 이제부터 완전히 새로운 인생을 살아야 한다. 과거는 어떻게 흘러왔든지 이제부터 나는 아이에게 좋은 엄마와 부모로서 삶을 나누어 주어야 한다.

뒤이어 많은 관련 단체가 지원물자들(이불과 가스레인지, 간단한 생필품 등)을 나눠 준다. 그리고 그동안 아끼며 모은 생필품들과 식품, 두루마리 화장지까지 바리바리 챙기고 나니 어느덧 짐은 4~5개가 되었다. 그렇게 하나원을 나서며 우리는 뜨거운 포옹을 하며 꼭 성공해서 만나자는 눈물어린 약속을 하였다. 자가용으로 먼저 온 친인척들이 모셔가는 동기들의 모습을 물끄러미 지켜보며 앞날에 대한 깊은 생각에 잠기게 되었다.

조금 서서 기다리자 우리 가족의 이름을 부르시는 분들이 있었다. 경기도 용인시 대한 적십자사에서 남자 두 분이 우리를 데려가시려고 오셨단다. 너무 고마웠다. 내 가족 같았다. 딸아이를 보시고는 내려가는 길에 식당에서 맛있는 식사도 사 주셨다. '세상에 이런 분들도 있구나. 참 남한은 살기 좋은 곳이구나'를 속으로 연방 외웠다.

드디어 우리가 살 집에 도착하였다. 먼저 관리사무소에서 아파트 키를 받았다. 청소도 말끔하게 되어 있었다. 이게 우리 집이다! 아무것도 없이, 살려고 도망치듯 떠나온 나에게 아파트와 정착지원금 300만 원, 각종 생필품을 비롯한 박스들, 가방들, 이불, 가스레인지… 정말 노력해서 잘 살고 싶었다. 아주 오랜 여행을 다녀온 듯이 내 마음은 평온해진다. 살자~! 꼭 잘 살아서 부자가 되어 나도 사회에 베푸는 삶을 살자!

아파트 위층에 한 달 전 먼저 나온 혼자 사는 삼춘이 내려왔다. 그래도 30일 사회에 먼저 나온 선배라고 동네 슈퍼에서 진간장과 샘표 소면, 호박 1개와 풋고추, 참이슬 1병을 사 왔다. 저녁에 북한식으로 온면이나 해 먹자고 한다.

그날 첫 저녁상을 마주하고 앉았다. 삼춘의 고향은 함경남도 신흥이다. 그곳은 국경과는 한참 떨어져 있는 곳으로 고향에 아직 돌이 안 된 어린 딸과 아내를 두고 왔다고 한다. 딸의 돌잔치를 해 주려고 먼저 남한으로 내려온 형의 도움을 받아 국경에 갔다가 일이 잘못되어 가족에게 알리지도 못하였다는 말에 눈시울이 붉어졌다. 마음이 너무 아팠다. 우리 딸을 볼 때마다 얼마나 아이 생각이 간절할까….

그렇게 우리 가족의 남한생활 첫 밤이 흐르고 있었다. 8개월 동안의 탈북과정에서 항상 위험하고 희망 없는 앞날 때문에 우울했던 나의 얼굴을 바라봤을 아이는 이게 우리 집이라고 뛰어다닌다. 짐짓 멋진 척하며 남편은 가족이 살아서 남한에 온 것이 마치 본인 덕이라도 되는 듯 뿌듯해 한다. 너무 오랜만에 맛보는 행복은 달콤했다. 내일부터 어떻게 살아야 할지…, 누구도 가르쳐 주지 않는 남한의 자본주의를 알아 가야 한다. 밤 늦게까지 짐을 정리하고 폭신한 새 이불에 누웠다. 정말, 세상을 모두 안은 것 같았다.

# 2。

# 첫 면접 그리고
# 3개월의 회사생활

다음 날 아침, 눈을 떴는데 해가 중천이다. 너무 오랜만에 푹 깊은 잠에 빠진 것 같다. 아직 자는 딸과 남편을 보며 아침밥을 했다. 수도꼭지를 돌렸다. 빨간색으로 놓으면 더운물, 파란색으로 놓으면 찬물이 나온다. 감격스러웠다. 하루 두 시간 물이 나오는 시간에 맞추어 물동이에 물을 받아 쓰던 8개월 전 부엌이 생각났다.

쌀을 씻었다. 하얀 쌀에 돌이 한 개도 없다. 북한에선 꼭 '쌀 함박'이 필요하다. 탈곡하여 벼를 말리고 정미를 하는 과정에 돌이 섞여 들어가기 때문이다. 습관이 되어 버린 쌀 함박을 한번 해보았다. 말갛게 투명한 쌀알뿐, 정말 돌이 하나도 없었다. 전기밥솥에 밥을 안치고 버튼을 눌렀다. 삑 소리와 더불어 밥이 되면 몇 분 후에 자동으로 보온으로 넘어간다. 전기가 이렇게 여성의 주방일에 편리하다는 것을 체험한 아침이었다.

도시가스 스위치를 돌렸다. 파란 불길이 쉭~ 올라온다. 세상에~ 이렇게 편할 수가 있다니…. 지금쯤 찌개를 끓이려고 석탄불 연기를 머금으며 풍구(풀무)를 잣던 엄마의 모습이 떠오른다. 어떻게 세상이 이렇게 다를 수가 있는지 이해가 가지 않았다. 식탁이 없어 바닥에 신문지를 깔고 아침밥을 차렸지만, 너무 행복했다. 하얀 쌀밥에, 된장국에 김치를 놓고 마주앉았다. 어제저녁에도 감동이었지만 오늘 아침도 감동의 연속이었다. 모든 것이 너무 고마웠다.

밖으로 나가 보고 싶었다. 혼자서 동네를 걸어 보았다. 길을 잘 모르니 그냥 아파트 주변을 한 바퀴 돌았다. 아파트 한편에 뭔가를 가득 쌓아 놓은 것이 보였다. 쓰레기 분리수거장이었다. 그런데 이사 가면서 내놓은 낡은 TV와 꽤 쓸 만한, 외관도 괜찮은 장롱이 보였다. 장롱의 문을 열어 보니 아직 너무나 쓸만하고 북한에선 볼 수 없던 귀한 것이었다. 허겁지겁 입구에 계시는 경비아저씨에게 다가갔다.

"저… 아저씨! 이거 필요해서 가져가고 싶은데 그래도 되겠습니까?"

조심스럽게 물었다. 언제 이사 왔느냐고 물으시면서 몇 동 몇 호냐고 하신다. 어제 이사를 왔는데 북한에서 와서 집에 아무것도 없다고 말씀드렸다. 어서 가져가라고 그리고 또 필요한 거 말하면 잘 보아 두었다가 알려 주시겠다고 하신다. 나는 고마워서 어쩔 줄 모르며 남편과 함께 집에 올려다 놓았다. 깨끗하게 청소하고 안을 잘 닦아 내니 새것 같았다. TV는 전원을 켜니 바로 나왔다. 세상에 이 귀한 것들을 버리다니…. 더워서 땀 좀 닦고 나니 필요한 다른 물건 들도 있을 것 같았다.

다른 아파트 분리수거장을 또 돌아보았다. 박스에 책을 가득 담 아 올려왔다. 예쁜 바구니에는 장난감도 가득 담아 올렸다. 또 쓸 만한 다리미가 보였고 전자레인지도 있었다. 또 다른 곳에는 식탁 도 있었다. 대박이다! 뭔가를 잔뜩 들여놓으니 구석구석 살림하는 집 같은 모양이 나온다. 기쁘고 행복했다. 너무 좋은 것들이었고 나 름 뿌듯했다.

첫날 실적은 너무 좋았다. 늦은 점심을 먹고 나서는 조금 더 동네 주위를 돌아보고 싶어졌다. 집으로 나오는 길을 기억하면서 좀 더 넓은 도로까지 나와 보았다. 제법 식당들도 있고, 물건을 파는 매장 도 있고 초등학교도 근처에 있었다. 대학교도 있는지 대학생들이 여러 명 지나가다가 감자탕 식당으로 들어간다. 그리고 그 식당 앞 에 붙은 전단지를 보았다.

'시간 알바 구함'

문을 열고 무작정 들어가서 시간 알바로 일할 수 있다고 했다. 젊 은 식당사장님이 저녁 6시부터 자정까지 아르바이트하는 홀 서빙 이 필요하다고 하신다. 북한말투에 중국에서 왔느냐고 물으시는데 엉겁결에 얼버무리며 아니라고 했다. 다행히 더 묻지 않으서서 오늘부터 일할 수 있다고 말씀드렸다. 그리고 돈은 현금으로 퇴근할 때 달라고 용기 내서 말씀드렸다. 아직은 누군가를 믿을 수가 없었다. 늦은 밤, 퇴근할 때마다 봉투에 넣어 주시는 2만5천 원이 얼마나 소중한지! 내가 일한 시간에 대한 대가를 정확하게 계산하여 주시는 사장님이 너무나 고마웠다.

그 시절, 남한사람들이 다 우리처럼 사는 줄 알았다. 우리와 비슷한 아파트에서 우리와 비슷한 음식을 먹고 옷을 입으며 사는 줄 알았다. 빈부의 차이가 얼마나 되는지 아직 가늠되지 않았다. 그러던 나에게도 시행착오가 오기 시작하는 계기가 있었다. 그것은 어린 딸이 어린이집에 다녀와서 하는 말이었다.

"엄마! 지우네는 집에 방문이 여러 개래… 근데 왜 우리는 하나밖에 없어? 채연이네는 아빠 차, 엄마 차 이렇게 두 대나 된대. 왜 우린 차가 없어? 주말에 서현이네는 놀이동산에 갔다 왔다는데 나도 한번 가보고 싶어…."

얼마 시간이 흐르지 않았는데도 완벽히 남한사회에 적응한 딸아이의 말을 들으며 다른 집과 우리 집이 같지 않구나! 집집마다 자가용이 있구나! 주말이면 놀이동산이나 가까운 곳으로 가족이 여행을 가는구나! 다른 사람들의 생활상을 알게 되었다. 그렇게 나는 아이를 통해 남한사회에 물들어 갔다. 그러다가 어린이집 소풍날

드디어 딸 앞에서 눈물을 보였다.


"엄마! 다른 애들은 예쁜 도시락통에 밥이 하얗고 빨갛고 노랗고 과일도 있고 간식도 많았어. 나처럼 가져온 애는 없어!"


바로 그날 아침, 나는 소풍 도시락을 어떻게 해야 하는지 모르고 그냥 동네 김밥집에서 천 원짜리 김밥 한 줄을 샀다. 그것도 은박지에 싼 김밥 한 줄과 나무젓가락을 검정봉투에 넣어 보냈다! 그날 밤, 한없이 속절없이 울었다.

다음 날, 아끼고 모은 쌈짓돈으로 인터넷을 연결하고 교회에서 기증받은 중고컴퓨터를 켰다. 내가 세상과 소통하는 방식이 시작된 것이다. 시간당 5천 원씩 하루 2만5천 원보다 더 주는 일자리를 찾아야 했다. 벼룩시장과 가로수 신문을 가져다 보았고 집주변 일자리를 정신없이 찾아 헤맸다. 전화하는 곳마다 중국 조선족은 안 쓴다고 한다. 조선족 아니라고 해도 말투 때문에 안 된다고 한다. 몇 군데서는 그래도 와 보라고 해서 면접 약속을 잡았다.

하나원에서 받은 사회적응 교육 중에 너무 돈을 많이 주겠다고 하는 일자리는 의심부터 해야 한다고 하였다. 다행스럽게 이상한 일자리 제안은 한 번도 받아 보지 않았다. 집 가까운 곳에 있는 대기업 물류센터에서 월 80만 원을 받기로 하고 며칠 다녔다. 그런데 도저히 무거운 박스를 들 수가 없었다. 저녁에 퇴근할 때면 무거운 다리로 걸을 수 없을 정도였다. 이틀 만에 퉁퉁 부어오른 다리 때문에 그만두었다.

그리고 동네에서 멀지 않은 버스 한 정거장 거리에 있는 주유소에 면접을 보게 되었다. 오픈하는 곳이라 여직원이 필요하다는 공고를 보고 전화 통화 한 번으로 바로 면접신청을 하고 한달음에 달려갔다. 젊은 주유소 소장이 말투가 이상한지 고향이 어디냐고 물으신다. 눈 한번 깜박하지 않고 강원도라고 했더니 강원도 어디냐고 물으신다. 고성이라고 했더니 정말 공교롭게도 고성에 아버님이 계신다고 고성 어디냐고 하신다.

이제 어쩔 수 없이 북한에서 온 지 얼마 되지 않았고 사실대로 말씀드리면 안 받아줄까 봐 거짓말을 했다고 하면서 가져온 서류를 보여 드렸다. 고맙게도 단번에 괜찮다고 낼부터 출근하라고 하신다. 그날 저녁 너무 기뻐서 아파트에 사는 같은 처지의 탈북민들을 집으로 초청하여 식사를 하였다. 막 자랑도 했다. 주유소에 취직되었는데 월 급여는 120만 원에 일요일은 쉰다고 큰 소리로 떠들었다. 그렇게 기뻤고, 그렇게 나의 첫 직장이 생겼다.

아침에 일찍 일어났다. 아이를 어린이집에 맡기고 15분 거리를 걸어 출근 시간 5분 전에 도착하였다. 우선 일을 배워야 했다. 출근하자마자 사무실과 사장실을 비롯한 내부 청소와 외부 화장실 청소를 해야 했다. 경리업무를 보면서 짬시간에 점심도 주문해야 하는데 나는 그게 참 어려웠다. 일일이 메뉴를 다 물어봐서 주문해야 하고, 어찌 되었든 남자직원들에게 커피와 차를 주는 업무도 포함되어 있었다. 전화를 받는 것 역시 너무 서툴렀다. 온통 실수투성이

이었다. 그래도 항상 너그럽게 나의 실수를 웃으며 보완해 주던 첫 주유소의 모든 직원에게 여기서나마 고마운 마음을 전하고 싶다.

하지만 주유소는 3개월 정도밖에 다니지 못했다. 딸이 어린이집에 다닐 때는 저녁 6시까지 일하면 되었다. 그런데 초등학교에 입학하자 방과 후, 오후 2시부터는 혼자 있게 되었다. 안 그래도 마음이 심란해서 어떻게 할지 고민하는 나에게 출근하자 크게 혼 날 일이 생겼다. 남자직원들이 쑤군거리길, 소장이 요새 개인적으로 큰 잘못을 저질러 법적인 조처를 받고 있다는 것이다. 그래서 나는 북한에선 그렇게 하면 바로 소장을 자른다고, 어떻게 직원들도 있는 윗사람이 법을 어기는 일을 하면 되겠느냐고 여러 직원에게 말했다. 그런데 아마 북한에서 온 내가 앞 뒤 사정을 모르고 너무 당돌한 말을 했던 것 같다. 소장에게 불려가서 눈물이 쏙 나오게 욕먹었다. 그날 퇴근 시간까지 겨우 견뎠다. 그리고 다음 날, 출근하지 않았다.

'저 오늘부터 출근 못 합니다. 이달 급여는 통장으로 넣어 주세요.'

이렇게 메일로 끝냈다. 지금 생각하면 너무나 창피한 일이지만 그렇게 멋있게 도전했던 첫 직장생활이 막을 내렸다. 또 취직자리를 알아봐야 할 것 같은데 쉽지 않았다. 그리고 용기가 나지 않았다. 이제 어떻게 하면 좋을까….

# 3.

## 애환 서린 종잣돈
## 2000만 원

남편은 하나원을 나와서부터 물류회사, 보안업체 등 일자리를 닥치는 대로 찾아다녔다. 탈북자 관련 단체들에서 함께 일하자는 제의도 들어왔지만 내가 결사반대하였다. 지금은 돈을 벌어야 하고 넥타이 매고 앉아서 일하는 것은 시기상조라고 난리를 부렸다. 그래서 여러 곳을 진전하다가 결국에는 대형 아파트 보안업체에 취직하였다. 그렇게 나랑 남편의 월급을 한 푼도 안 쓰고 모았다. 매월 79만 원씩 나오는 국민기초생활 수급비도 모을 수 있었다. 돈으로 나가는 것은 임대료를 포함한 관리비 18만 원이 전부였다. 쌀과 소금, 된장은 거주지에서 나온 봉사단체에서 주셨고 입을 옷은 교회에서 주었다. 각종 생활용품은 하나원에서 가지고 나온 것을 아껴 쓰니 참 오래 쓸 수 있었다.

그거면 충분했다. 휴대폰도 안 쓰고, 카드도 안 쓰고, 외식도 안

하고, 장도 보지 않으니 돈은 모였다. 하지만 계속 회사에만 다녀서는 안 되겠다는 생각이 들었다. 매일 저녁 놓치지 않고 챙겨 보는 뉴스에서는 아파트 가격이 몇억이라고 한다. 각종 경제용어가 쏟아져 나오는데 도대체 이해할 수가 없었다. 3개월째 되던 날, 수첩을 펼치고 이렇게 적었다.

'월 300만 원 × 12달 → 3600만 원 × 3년 → 1억8백만 원,
나는 3년 안에 1억을 만들겠다.'

할 수 있을 것 같았다. 그도 그럴 것이 정착금 300만 원이 찍힌 통장이 이젠 1000만 원이 되어 있었다. 그러던 중에 기초생활수급비가 3개월 만에 안 나온다는 통보가 왔다. 4대 보험이 있는 회사에 취직한 남편의 소득 때문에 우리 가족은 더는 국민기초생활보장 수급자가 아니었다. 하지만 생계비보다 적은 남편의 월급을 생각하면 차라리 회사에 안 다니고 노는게 낫다는 생각도 들었다.

북한에서 봤던 한국드라마 《천국의 계단》이나 《상두야 학교가자》, 《올인》 등 그리고 하나원에서 매일 보던 TV 속의 모습과 현실은 너무나 차이가 컸고 억울한 생각도 들었다. 내가 궁금한 것이 마치 누구의 탓인 듯한 시간이 흘러갔다. 한번 시작된 방황은 남편에게로 이어졌고 남편도 앞날이 불안하다는 것을 느끼는 나날들이 계속되었다. 탈북인들을 관리하는 담당 공무원의 주선으로 대학병원 방사선 치료실 취직을 소개받았지만, 그것마저도 채용되지 못했

다. 취직에 필요한 서류 때문에 받은 가족건강검진에서 딸아이의 간 수치가 너무 높아 고위험군으로 분류되어 입원치료를 받아야 했다. 그리고 남편 역시 결과가 안 좋았다.

그날 집으로 돌아오는 어두운 밤길, 아파트 밑에 있는 슈퍼마켓을 물끄러미 보았다. 다정한 부부가 카운터에서 함께 웃으며 물건을 판다. 아이를 보니 나랑 비슷한 또래의 부부 같은데 참 부럽다. 나도 남한에서 태어났으면 부모님들 도움으로 번듯한 가게를 할 수 있을 텐데…. 너무나 부러웠다. 길을 지나다니는 모든 사람을 지켜보았다. 확실히 얼굴 표정이나 옷 입은 모습들이 나하고는 너무 달랐다. 나를 내려다보았다. 촌스러운 차림과 확 튀는 북한말투에 머리를 꽁진 내 모습이 부끄러웠다. 분명히 북한에서는 나도 괜찮은 사람이었는데 하는 생각이 슬슬 들었다.

나도 저 부부처럼 남편이랑 가게를 하고 싶다.
나도 지나가는 저 사람들처럼 여유롭게 살고 싶다.
나도 아픈 아이가 먹고 싶다는 거 다 사주고 싶다.
나도 행복해지고 싶다.
슈퍼에 손잡고 갔다가 나올 때는 "못 사줘!" 하는 나쁜 엄마!
학교도 혼자, 집에 와도 항상 혼자 있게 하는 나쁜 엄마!
나도 좋은 엄마이고 싶다.
훌륭한 부모가 되고 싶다.

그동안 아이랑 남편이랑 알콩달콩 웃으며 행복했던 나만의 꿈이 산산조각이 나는 것 같았다. 뭔지 모를 모순에 봉착했다. 통장에 찍힌 1000만 원은 날이 흘러도 올라가지 않았다. 생각보다 돈이 모이지 않았다. 그래도 2000만 원은 모여야 뭔가를 할 수도 있을 것 같은데….

윗집 삼춘은 그러는 나를 보고 자기 통장에 그동안 모은 돈과 임대아파트 담보대출을 받아서 1000만 원은 자기가 마련해 보겠단다. 4대보험이 있는 회사에 다녔으므로 연봉만큼 대출할 수 있고 그것도 모자라면 본인 신용대출이라도 내서 도와주겠다고 한다. 너무나 고마웠다. 맞다! 나는 가족이라도 있지 않은가. 그런데 혼자 살면서 두고 온 딸과 아내가 많이 그리웠을 윗집 삼춘 말에 가슴이 먹먹했다.

다음 날, 삼춘과 나는 강남역 앞까지 2시간 정도 버스를 타고 나왔다. 촌닭이 시내에 나온 듯한 우리 행색은 우스웠다. 역 가까이 3층에 있는 상호저축은행에 들어갔다. 엉거주춤 앉아 서툴게 서류를 작성하는 삼춘이 부끄러웠다. 올려다보던 여직원의 눈을 마주 보지 못했다. 북한말투에 대출받으려고 온 우리를 이상하게 보는 듯해서 창피한 마음도 들었다. 하지만 어쩔 수 없지 않은가! 손에는 나름 대한민국 국민이라는 주민등록증을 꼭 쥐고 있었다.

그렇게 대출받은 1000만 원 통장을 삼춘이 주었다. 애환의 창업자금 2000만 원이 어렵사리 마련되었다. 누구에게 조언을 구할 수도 없었다. 어떻게든 잘살아야 한다는 이유밖에 없었다. 그 무엇을 하든지 돈을 버는 것은 자신 있었다. 길가에 놓인 가판대에서 호떡 한 개를 팔더라도 자신 있었다. 열심히 하려는 사람에게 세상은 기회를 준다고 믿었다.

# 4。

## 창업을
## 결심하다

주워 온 낡은 TV에서는 인생에 성공했다는 어떤 여성이 나와서 이렇게 살면 된다고 멋지게 이야기한다. 창업으로 대박을 친 회사 사장은 단돈 1원이 없어서 고생했던 이야기를 실감 나게 하였다.

"엄마도 꼭 잘살 수 있단다. 저렇게 테레비 나오는 사람이 될 수 있단다. 그리고 네가 사 달라고 하는 것 다 사 주는 엄마가 될 수 있어!"
"정말? 와~신난다!"

부러운 눈으로 지켜보는 아이에게 새끼손가락을 걸며 약속했다. 잠들 수 없는 밤이 계속되었다. 미칠 것만 같았다. 내가 좀 못사는 건 견딜 수 있는데, 넓은 세상을 보여 주겠다고 생명의 위험을 무릅 쓰고 데려온 아이에게 대책 없는 부모가 되고 싶지 않았다.

그렇게 속절없이 시간이 흘러 첫 겨울을 맞았다. 분명히 북한보다 덥다고 하는 남쪽인데 나에겐 너무 춥다. 마음이 추우니 견디기 힘든 허탈감과 쪼그라드는 듯한 모습은 어쩔 수 없었다. 남편은 저녁이면 슈퍼에서 소주 한 병을 사다가 집에서 잔을 비운다. 마음속에 후회도 많은지 항상 한숨을 푹푹 쉰다. 어느 날 갑자기 없어진 막내아들을 걱정할 북에 있는 부모님 생각에 눈에는 항상 눈물이 그렁그렁하다. 나 때문에 이 모든 일이 벌어진 것 같아서 가슴 한편에는 미안한 생각도 들었다. 성격이 워낙에 모나서 북한에서도 쉽지 않았던 대인관계라 남편은 남한의 사회 생활을 많이 힘들어했다. 그냥 자영업을 할 수 있으면 좋겠다는 말도 여러 번 했다.

이제 시작해야 한다. 무엇이든 나만의 가게를 열어야 한다. 화장품가게나 옷가게는 촌스런 외모나 말투 때문에 자신이 없었다. 보험설계사나 영업직 역시 자신이 없었다. 그래서 생각해 보았다. 내가 가장 잘할 수 있는 일이 무엇일까? 물건을 파는 일은 자신 있었다. 이미 북한에서 식품 관련해서 많은 경험이 있었다. 가게에 들어온 손님에게 물건을 드리고 값을 받는 일은 자신 있었다. 그래서 창업아이템이 동네슈퍼가 되었다.

저녁 늦게까지 지하철을 타고 서울시 안 가 본 곳이 없다. 빈 다용도 상가들을 찾아서 정신없이 걸었고 손에는 김밥 한 줄과 벼룩시장 신문이 들려 있었다. 가진 것 없는 사람들이 멈추어 서서 한없이 앉아 있는 지하철 역사의 온기가 그래도 나에게 위안이 되었다.

아침에 집을 나오면 저녁 전철이 끊길 때까지 사람들이 많이 다니는 곳으로부터 대학가, 전철역사 주변, 많이 환승하는 역 등 정신없이 돌아다녔다. 벼룩시장신문에 인수할 수 있는 가격으로 나와 있는 상가는 다 돌아보았다. 그날도 우리 부부는 아침에 일찍 나왔고 주말이어서 딸은 집에 있었다.

"누가 두드려도 절대 문을 열어 주지 마! 테레비는 소리 낮추고 보거라! 그래야 밖에서 안 들려서 사람이 없는 줄로 아니까!"

채널이라고 해봤자 연결하면 나오는 공용채널 3개가 전부다. 착하고 예쁜 7살 아이, 그래도 웃으며 잘 다녀와 하며 손을 흔든다. 어두워졌다. 7호선 온수역쯤이었던 것 같다. 이제 집에 가려고 해도 두 시간은 족히 걸린다. 그제야 딸아이 얼굴이 눈에 떠올랐다. 마음이 급해졌다. 부랴부랴 문을 열고 들어온 순간!

"엄마! 나 너무 무서워, 불이 꺼졌다 켜졌다 했어, 또 밖에서 누가 자꾸 두드렸어…."

불 꺼진 방안에는 너무 울어서 눈이 퉁퉁 부어 버린 아이. 그럼에도 소리 내지 못하고 울었을 아이. 그 극도의 무서움과 절박함을 무엇으로 어떻게 보상할 수 있을까! 꼭 안아 주었다. 눈물이 비 오듯 흘러내렸다. 살자! 살아서 이 아이에게 희망을 주는 엄마가 되자.

다음 날도 그리고 다음 날도 이렇게 30일이 넘을 때쯤, 광진구 군자역 주변의 작고 어두운 가게를 찾게 되었다. 전철역에서 5분 거리였고 상권도 괜찮았다. 내가 하면 잘할 수 있을 것 같았다. 40대 부부가 10년째 운영하는 동네 슈퍼였는데 부르는 금액도 생각보다 높지 않았다. 특히 초등학교가 걸어서 1분 거리에 있어서 아이 학교와 생업문제가 함께 해결될 수 있다는 것이 만족스러웠다.

'보증금 1000만 원, 월세 50만 원, 시설 권리금 1000만 원, 물건값 2300만 원.'

도합 4300만 원이라는 돈이 있어야 운영 가능한 가게였다. 수중에 있는 2000만 원 가지고는 어림도 없었다. 그날은 일단 가격조건까지만 알고는 밖으로 나왔다. 그로부터 하루에도 몇 번씩 밤이나 낮이나 가게 앞을 가서 한두 시간씩 지켜보며 사람들이 얼마나 들어가는지를 세어 보았다. 결국에는 임대아파트를 반환하고 보증금을 찾기로 했다. 그리고 부족한 돈은 하나원에서 함께 나온 친구들에게 도와달라고 하였다.

그래도 부족한 사업자금이지만 인수를 결심했다. 이제 가게 근처에서 아이랑 함께 살 수 있는 방도 알아봐야 한다. 아는 사람 한 명 없는 생소한 광진구 중곡동에서 돈을 벌어야 한다. 아는 분에게서 몇백을 빌려 와도 아직도 모자란 금액이 1000만 원 가까이 되었다. 보름째 지켜보고서야 이제는 해도 되겠다는 확신이 섰다. 전철역에서 멀지 않고 이면도로 앞이라서 그나마 담배 사는 사람들이라도 많이 드나들었다.

그리고 문을 두드렸다. 운영하는 주인에게 무작정 이 가게를 달라고 말씀드렸다. 부족한 자금은 매월 얼마씩 갚겠다고 계약서를 썼다. 비록 어둡고 침침한 먼지가 가득 쌓인 가게였지만 처음으로 남한에서 사업자등록증을 내고 운영할 수 있는 대단한 가게였다. 최선을 다하면 꼭 승부를 낼 수 있는 나만의 가게였다.

용인 집을 정리했다. 하나원에서 받았던 임대아파트라 정이 많았던 아파트였다. 그동안 주워서 살았던 온갖 가재도구들을 또다시 분리수거장으로 가져다 놓고 가방에 입을 옷가지와 간단한 생필품을 챙기고 그렇게 용인을 떠났다. 바래다 주는 윗집 삼춘에게 성공할 때까지 기다려 달라고, 꼭 이자까지 두둑이 챙겨주겠다고 약속했다. 아이 학교도 옮겼다.

가게 주변에 마침 월 30만 원짜리 지하 사글셋방도 하나 봐 두었다. 햇빛이 들지 않고 습해서 곰팡내가 진동하는 단칸방이다. 하지만 겨울인데도 따뜻하고 행복했다. 임대아파트 보증금과 그동안 안 쓰고 모았던 통장에 있는 전 재산, 윗집 삼춘의 돈 1000만 원, 그리고 함께 나온 동기에게서 빌린 800만 원, 그렇게 하고도 아직 줘야 할 돈이 1년간 남아 있지만, 온전히 열쇠를 넘겨받은 날은 세상을 얻은 것 같았다. 작은 가판대에서 길거리 장사하는 것보다는 부자였다. 그때가 남한으로 내려와 1년이 좀 넘은 시점이었다.

제2장

# 희망의 불씨

# 1.

# 가게 1년,
# 드디어 1억 원을 만들다

2007년 12월

추운 겨울 새벽이다. 벽에 걸린 시계는 5시 30분을 가리킨다. 얼른 일어나서 옷을 입고 가게로 나갔다. 깊은 잠에 쌕쌕 콧소리를 내는 딸아이의 볼에 입을 맞추는 여유도 생겼다. 소리 나지 않게 문을 닫고 1분 거리에 있는 내 가게로 나갔다. 조용한 길거리에는 인적이 드물다. 아직은 가게를 내가 하는지 그 누구도 모른다. 서툴게 더듬거리며 가게 문을 열었다.

수중에 돈이 한 푼도 없었기에 오픈이라고 해도 손댈 것이 없었다. 청소를 하고 둘러보았다. 아무것도 모르겠다. 일단 노트를 펼치고 물건 이름을 적기 시작했다. 냉장고 첫줄 첫 번째 코카콜라, 두 번째 제로콜라, 세 번째 펩시콜라…. 두 번째 줄 첫 번째 칠성사이다, 두 번째 맥콜, 오란 씨…. 아니 세상에, 음료수가 진열된 냉장고

를 정리하고 물건의 이름을 쓰는데 몇 장을 써야 하는 건지…. 종류
도 다양하고 회사 이름도 다 외래어고, 도대체 뭐가 뭔지 모를 지경
이었다. 정신 차리자! 일단 계속 외웠다. 어느 순간 문이 열렸다. 내
가게 첫 손님이 들어오셨다.

"에쎄 1밀리 주세요."

뭐라는 거지? '에쎄'는 담배라는 건 알겠는데 그 뒤에 1밀리는
뭔지 모르겠다. 당황한 기색이 역력한 나를 보고 손님이 저거요, 저
거 하면서 손으로 가리킨다.

"예! 제가 담배 이름을 잘 모르는데 가르쳐 주셔서 감사합니다!"

△ 2007년 처음 시작한 유성슈퍼

높고 큰 소리로 인사드렸다. 힐끔 보시는 표정이 많이 의아해 하신다. 그러거나 말거나 손에 꼭 쥔 2,500원을 다시 한 번 내려다보았다. 맑고 환한 웃음이 절로 피어올랐다. 아~ 내가 2,500원짜리 물건을 팔았구나. 아무것도 안 먹어도 배가 불렀다. 저녁때가 되어서야 허기가 느껴져 우유 한 개를 마셨다. 자정이 넘어섰다. 이제 몇 시간째 손님이 들어오지 않은 가게매출을 정리해 보았다.

'23만 원'

첫날 매출이 23만 원이었다. 분명히 먼저 주인이 하루 50만 원은 매출이 나온다고 했다. 그리고 월세가 50만 원이라 일 매출이 50만 원은 나와야 한다고 인터넷 카페 글에서 본 것 같았다. 조금 뭔가 찜찜하다고 생각이 들긴 했지만 그래도 일단 내일 또 봐야 아는 거로 생각했다. 기쁜 마음으로 마감을 했다. 별이 보이는 밤하늘을 올려다보았다. 건강하게 살아서 남한에서 돈 벌고 있다고 북에 계신 엄마에게 전하고 싶은 내 가게 첫 밤이었다.

다음 날 아침 6시, 어제보다는 익숙하게 가게 문을 열고 첫 손님을 맞았다. 이번에도 어제 그 손님이다. 멋지게 담배를 먼저 꺼내 드렸다. 어제는 의아해 하시던 그분이 오늘은 웃으며 수고하세요. 하시면서 나가신다. 나도 웃었다. 그리고 기뻤다. 어제 정리하지 못한 물건들을 노트에 다시 써 나가기 시작하였다. 하나하나 물건들을 보니 생각보다 유통기한이 오래되어 못쓰게 된 물건들이 많았다. 또 창고에 쌓여 있는 박스들은 거의 한두 개만 상품이 있고 빈 박스들이었다. 물건값으로 지불된 박스들에 빈 것이 많았다. 있는 물건들마저도 이미 상품으로서의 가치가 없는 오래된 것들이었다. 갑자기 앞이 캄캄하고 얼굴이 어두워졌다. 그리고 역시 두 번째 날도 매출은 20만 원밖에 나오지 않았다! 어처구니가 없었다.

'이건 사기 아닌가!'

하지만 하소연할 데가 없었다. 나를 하늘처럼 믿고 어려운 환경에서 돈을 빌려준 윗집 삼춘, 하나원 동기, 그리고 이미 매월 얼마씩 드리겠다고 써 버린 계약서, 악착같이 모은 돈도 이미 내 손을 떠났다. 남은 것은 구석구석 거미줄과 오래된 물건들이 쌓인 창고, 먼지가 수북한 어두운 가게가 전부였다. 온몸이 허물어지듯 주저앉았다. 좀 일찍 문을 닫았다. 기운이 나지 않았고 지탱하기 어려워서 있을 수가 없었다.

집 문을 열고 들어섰다. 그래도 엄마가 슈퍼 한다고 활짝 웃는 딸, 남편과 함께 김치찌개를 끓여놓고 마주앉았다. 행복해 하는 아이에게 어두운 얼굴을 보이기는 싫어서 웃으며 저녁을 먹었다. 아이가 잠든 깊은 밤, 남편과 대화를 하였다. 이제 우리가 어떻게 해야 할까를 의논하였다. 전에 주인에게 뭐라고 한들 아무 소용이 없다. 그리고 이제 손을 털 수도 없다. 어떻게 하든 가게를 돈이 아닌 다른 방법으로 살려야 했다.

뜬눈으로 밤을 새우고 아침에 페인트가게를 찾아갔다. 일단 얼룩덜룩한 오래된 시커먼 벽체와 천장, 진열대를 페인트칠이라도 해야겠다는 생각이 들었다. 조금은 깨끗한 곳으로 만들고 싶었다. 흰색 페인트와 칠할 수 있는 솔 2개를 사 왔다. 가게 문을 안으로 걸었다. 물건들을 한쪽으로 분류하여 정리하였다. 쓸 만한 물건보다 못 쓰고 버려야 할 물건들이 더 많았다. 진열대를 칠했다. 거미줄을 거두고 벽과 천정도 칠했다. 냉장고 안을 다 정리했고 바닥에 락스를 부어 가며 10년간 찌든 때를 청소했다.

창고에 있는 박스들도 다 정리하고 나니 행하다. 유통기한이 임박한 것들과 출처를 알 수 없는 오래된 물건들도 버렸다. 빈 박스들도 다 정리하였더니 정말 자리가 넓어졌다. 깊은 밤에도 작업을 계속했다. 잠깐 눈을 붙이고 나와서 다음날까지 계속 청소와 정리를 했다. 깔끔한 칠도 마르고 나름 분위기가 산뜻해진 것 같았다. 그렇게 이틀을 보냈다.

세 번째 날 장사를 시작했다. 겨울이라 추워서 문을 꼭꼭 닫아야 하지만 과감하게 문을 활짝 열어 놓았다. 양동이에 물을 받아 대걸레를 들고 도로 앞까지 내다 놓았다. 물을 뿌려 가며 청소를 하였다. 옆집 세탁소 마당까지 쓸었다. 기운이 넘쳤고 내 가게라고 받아들이니 모든 것이 소중했다. 팔을 걷어올리고 사정없이 청소했다. 앞치마는 빨간색, 장갑은 핑크색, 어떻게든 사람들의 눈에 띄어야겠다. 작은 가게였고 청소라고 해보았자 30분도 안 걸리지만…. 그렇게 오전 시간을 보냈다.

가게주인이 바뀌었다고 홍보할 유일한 방법은 사람들이 지나다니는 길에 서서 대걸레를 빨면서 손을 걷어올린 모습을 보여 주는 것이다. 지나가는 사람들에겐 머리 숙여 인사하며 더 열심히 몸을 움직였다. 돈이라도 있으면 간판도 바꾸고, 물건도 쌓아 놓고 오픈식이라도 하면 그나마 좀 매출이 오르겠건만 나에겐 없었다. 아무것도 없는 내가 할 수 있는 것은 밖에서 일하는 모습이었다. 청소하는 모습을 보면 저 가게 원래 젊은 여자 아니었는데 주인이 바뀌었나 생각할 수 있겠으니까! 또 그래서라도 동네 사람들한테 인심을 얻고 싶었다.

"뭐 드릴까요?"
"없나요?"
"찾아드리겠습니다."

그리고는 지나가는 손님과 눈길이 마주치면 강한 북한어투의 큰 목소리로 뻔뻔하게 물었다. 지나친다는 것을 알고 물었기에 별로 대답이 없어도 지치지 않았다. 살아야 하는 의지가 강한 사람은 부끄러움도 사라지나 보다. 씩씩하게 이겨 내야 한다고 스스로 다독이는 날들이 계속되었다.

시작도 어려웠지만 운영은 더 어려웠다. 영업사원들과의 대화는 이해할 수가 없었고 모르는 것도 너무 많았다. 공장도가격에 0.78을 곱하고 부가가치세 1.1을 곱하면 100원짜리 물건을 65원 매입,

아이스크림 50% 세일에 100원짜리 40원, 주류는 몇 %디씨, 각 담배회사 지원금, 브랜드 제과업체에서 행사상품은 몇 %디씨 등 분명 한국말인데 뭐가 뭔지 통 알 수가 없었다. 모른다는 것을 내색하면 풋내기라고 눈탱이 맞을 것 같아 아는 척하다 보니 점점 더 미궁 속이었다. '좋은 슈퍼 만들기 운동본부'라고 하는 인터넷카페에 가입하여 공부를 시작했고, 책을 사서 밤낮없이 읽고 공유하는 정보에서 조금씩 눈을 뜨기 시작하였다.

오늘 받은 물건의 값이 정확한지, 판매가격은 제대로 책정된 건지, 게시판에 글도 올렸고 답글로 해답을 찾기를 매일, 어느 순간부터 희미하게나마 할 수 있겠다는 자신이 생겼다. 딸아이는 지하방이라 눅눅한 곰팡내가 풍기는 옷을 그래도 다려 입혀 학교에 보냈다. 혹시 옷에서 냄새라도 나면 친구를 사귀는 데 지장이 있을 것 같았다. 오후 시간에 엄마 가게라고 친구를 데려오면 껌 한 개라도 쥐여 주었다. 그래서 친구를 좀 많이 사귀었으면 했다. 우리 세 식구는 밥을 함께 먹을 수가 없었다. 내가 가게에 가 있으면 남편이 아이랑 밥을 먹고, 남편이 가게로 나와야 내가 집에 들어갈 수 있었다. 한 명의 손님도 놓치지 않으려고 최선을 다했다.

봄이 왔다

이제는 아는 사람들도 많아졌다. 동네에 사는 어르신들이 조금씩 나를 칭찬해 주셨다. 주변에 있는 가게사장님들이 모두 칭찬해 주셨다. 젊은 여자가 부지런하다고 보는 사람마다 말씀하신다. 인사성 밝고 싹싹해 뭐 사갈 게 없나 둘러보시기도 하셨다. 출근길에는 빵빵거리는 차들을 줄 세워 놓고 손님들이 가져다 달라는 물건들을 날아다니며 찾아 드렸다.

"아줌마!~ 우유랑 소보로빵 줘요!"

하얀 코란도 차를 세워 놓고 부르는 나이가 좀 지긋한 그분이다. 항상 7시 40분경 우리 가게 앞을 지나신다. 그러면 준비되어 있던 작은 서울우유 한 개와 소보로빵을 들고 달려 나갔다. 회색 쏘나타 차에 타신 손님이 피우시는 담배를 안다. 아래쪽 세탁소 사장님이 즐겨 씹으시는 껌을 안다. 동네 자그마한 가게에서 전기 관련 일을 하시는 사장님이 마시는 음료수를 안다. 딸 하나 데리고 혼자 사는 아주머니가 좋아하는 세탁세제를 안다. 항상 은행지점장 사위 자랑을 하시는 동네유지 할머니는 아예 우리 가게 앞에 자리를 마련해 드렸다.

할머니와 대화를 하면서 능력 있는 사위와 딸 가족이 살아가는 모습을 들으며 중산층 이상의 생활 수준이 어떠한지를 알게 되었다. 그래서 더 할머니를 기다렸다. 할머니는 그러는 나를 손녀처럼 생각하셨다. 나오실 때마다 작은 음식 그릇을 항상 챙겨 주셨다. 멋진 할머니가 피우시는 담배를 그냥 드렸었다. 그러면 담배 연기 한 모금 깊이 들이키시며 너무 행복해 하셨다.

이렇게 한 명 한 명 단골이 늘어 갔다. 그리고 단골들의 주문이 늘어갔다. 명절 때면 미리 선물 박스를 몇 개씩 주문하시는 단골도 늘어 갔다. 점점 매출도 올라갔다. 비 오는 날이면 따뜻한 커피를 주는 내 가게로 영업사원들이 모여든다. 그리고는 신상품 홍보차 나온 음료수들을 몇 개 더 내려준다. 거기에 동네 경쟁슈퍼들의 물건 가격과 아래쪽 슈퍼 부부 사이 다툼까지 알려 준다. 막걸리 영업사원은 아침이면 항상 들러서 담배까지 내 가게에서 사 주었다. 동네 단골손님들뿐 아니라 영업사원들의 모임 장소, 동네 가게주인들의 상가번영회도 우리 가게 마당에서 열렸다.

여름이다

파라솔을 여러 개 사서 앞마당에 펼쳤다. 얼음이 가득 담긴 아이스박스 3개에 막걸리와 캔 음료수를 가득 담아 놓았다. 막걸리는 아침에 영업사원이 신상품 나왔다고 매장마다 한두 개씩 돌리라고 하는 걸 우리 가게에 10개 정도 주고 간 것이다. 음료수는 비 오는 날 영업사원이 1+1행사 나왔다고 주고 간 것이다. 이제 퇴근 시간이라 동네 알 만한 분들이 슬슬 모이기 시작한다. 일용직으로 퇴근이 좀 빠르신 분이 먼저 지나다가 들르셨다.

"고생하셨습니다. 여기 앉아서 시원하게 마시고 가세요! 그냥 공짜로 마셔도 됩니다"
"아이고, 애기 엄마 열심히 사는데 내가 어찌 그냥 먹겠노."

영업사원들에게서 서비스 받았다고 말씀드렸다. 그러면 안주라도 사시겠다고 하신다. 안주도 여러 개를 사셨다. 그러시고는 지나가는 손님들도 불러 앉히신다. 여기 막걸리와 음료수는 슈퍼아줌마가 주는 거고 안주는 하나씩 우리가 사자고 하니 모두 난리다. 한명, 두 명, 열 명, 우리 마당은 동네 마실 방이 되어 버렸다. 행복한 웃음소리가 끊이질 않았다. 북한에서 왔지만, 남한의 사람들과 소통하고 있는 스스로가 대견했다.

그날 자정이 넘어도 끊이질 않던 손님들의 발길이 멈출 때쯤, 일매출을 정리하니 170만 원이다! 냉장고 문이 쉴 새 없이 여닫혔고 하루 방문객은 300명을 넘었다. 작은 구멍가게 매출 치고는 대단한 숫자였다. 불과 6개월이 지난 시점이었다. 3평 지하 월세방은 어느새 5천만 원 전세보증금의 1층으로 이사했다. 이사한 곳은 방 두 개짜리 전세빌라로 서민전세자금대출 2000만 원을 받아서 마련했다. 그동안 매월 일부씩 1년을 갚겠다던 돈과 윗집 삼춘에게 빌린 돈들은 이미 다 갚았다. 그리고 진열대마다 상품들이 가득 찼다. 창고에는 물건이 박스로 넘쳐난다. 단골손님들이 쉴 새 없이 가게 문을 열고 들어오셨다.

1년이 되었다. 하루도 쉬지 않고 함께 세 식구 밥을 못 먹은 지 1년이 되었다. 또 아이의 학교와 거주환경 때문에 신청했던 서울 은평뉴타운에 25평 임대아파트를 배정받았다. 이사를 결정해야 했다. 동네에서 유난히 장사가 잘되니 욕심내는 분들이 계셨다. 작은 나의 첫 가게는 들어갔던 돈의 두 배가 되는 금액으로 정리했다. 내 명의의 통장에 딱 1년 만에 1억 원이 되어 있었다. 그렇게 3년 계획을 1년 안에 성취하게 되었고 남한에서도 하면 된다는 자신감이 충만해졌다.

# 2。

# 3년 만에 마련한
# 34평 아파트

이삿짐 차를 불렀다. 하나원에서의 가방 몇 개가 어느새 1.5톤 트럭 하나 가득 불어나 있었다. 이삿짐을 싣고 떠나오며 눈이 벌겋게 되도록 울었다. 누구도 아는 이 없는 낯선 동네에서 스스럼없이 장사할 수 있도록 배려해 주신 분들이 너무 고마웠다. 혈육도 아닌데 멀리까지 배웅해 주시던 잊지 못할 그분들이 고마워서 지금도 1년에 한 번씩은 내가 살았던 지하 월세방과 그 동네를 돌아보고 온다. 마음이 아련해지고 추억이 새록해진다. 내가 떠나오고 나서 가게 앞 동네 마실 방은 한 번도 모이지 못했단다. 동네 아는 언니는 자신이 힘들 때마다 연락을 주셨다. 내가 보고 싶다고, 전화기 너머로 들리는 목소리에는 형제보다 더 애틋한 정이 녹아 있었다.

이제 25평 새 임대아파트에 입주했다. 남한에 와서 처음으로 하이마트에서 TV와 냉장고를 구매했다. 딸이 그렇게도 갖고 싶어 하

던 혼자만의 방과 핑크색 침대도 놓아 주었다. 곰 인형과 알록달록한 이불도 마음에 드는 것으로 사 주었다. 행복이란 게 이런 거구나! 열심히 살아서 아이에게 사 달라는 것을 사 줄 수 있을 때 엄마는 행복하구나!

1만2천 세대 대단지 아파트들이 쭉쭉 들어서 있는 서울의 뉴타운은 살았던 동네하고는 환경이 달랐다. 저녁이면 북한산이 바라보이고 수변공간으로 가로등 불빛 은은한 산책로를 가족과 손잡고 함께 걸었다. 산책길에 스치는 사람들을 보면 괜스레 남한사람 다 된 듯이 더 허리 펴고 꼿꼿하게 걸었다. 수줍게 인사도 나누었다.

하얗게 눈이 내렸다. 단지 내 놀이터에서 눈사람을 만들며 또래 친구들과 어울려서 뛰어다니는 딸을 베란다에서 내려다보는 소소

한 일상도 나에겐 눈물 나게 행복한 광경이었다. 행복도 잠시 아파트 단지 내 가게들을 관심 있게 둘러보기 시작했다. 또 돈을 벌어야 하니까! 내가 잘할 수 있는 동네 슈퍼를 열심히 운영하여 돈을 벌고 싶었다.

매일 아침, 점심, 저녁으로 주변을 돌아보았다. 이미 상권이 형성되어 자리를 잡고 있었지만, 그중에 학교 앞에 있는 상가가 자꾸 눈에 들어온다. 문 여닫는 시간도 제각각이고 한창 영업시간인데도 불이 안 켜질 때가 많았다. 직원은 없는 것 같고 지긋하신 아저씨한 분이 보일 뿐이다. 앞에 중학교가 있고 버스정류장도 위치하여 상권은 괜찮은 것 같은데 말이다. 어떠한 이유가 있어 보였다.

며칠째 봄인데도 비가 멈추지 않는다. 비가 오니 아파트 주변을 걸어 다니는 사람들도 없었다. 그날도 비를 맞으며 주변 상가들을 보고 있었다. 그때 영업하지 않는 그 가게를 아저씨가 늦은 오후 시간에 문을 여신다. 무작정 문을 열고 들어갔다. 점잖으신 분이셨다.

"사장님! 이 가게는 왜 지금 여십니까?"
"아, 다른 일이 있어요. 이 상가는 분양받을 때 부동산에서 편의점을 열어서 아르바이트생 쓰고 하면 남는다고 해서 직접 차렸더니 일할 사람도 없고, 또 본업도 있고 해서 들쭉날쭉해요."

아! 알겠다. 이유는 바로 그거였다, 상가 건물주셨다. 어쩌면 권리금을 안 주고 들어가도 되겠다는 생각이 뇌리를 스쳤다. 그리고 이미 본업이 있으셔서 가게를 정리하고 임대 놓고 싶어하신다는 것도 알게 되었다.

"사장님! 가게서 장사하려면 임대보증금과 월세는 돈이 얼마나 있어야 합니까?"
"이 상가 비싸게 분양받았어요! 중학교 앞이고 단지 내 입구에서 멀지 않고 해서 분양가 자체가 높았어요. 보증금 1억에 월세는 3백만 원은 돼야 해요."

계산을 해보니 보증금 1억은 맞출 수 있지만 그러면 여윳돈이 없어 물건 사입이 어려울 수 있었다. 나는 재빨리 선수를 쳤다.

"어휴! 말도 못하게 비쌉니다. 보증금 5천만 원이면 어떻게 해볼 수 있습니다. 너무 비쌉니다."

지금 생각해 보면 얼마나 어처구니가 없으셨을까? 비 맞은 차림도 어수선하고 말투도 북한스러운 내가 절반 가격으로 말씀드리니 얼마나 당황하셨을까. 그랬더니 사장님이 나를 언짢게 보시면서

"아니, 5천만 원이라도 있는 사람이 비싼 남의 상가를 가격 갖고 얘기해요?"

바로 이거였다. 내가 원했던 가격절충이었다.

"사장님! 돈이 있으면 보증금 1억을 걸 텐데 이사 와서 가진 돈이 5천만 원뿐입니다. 이 가게 믿고 주시면 장사를 잘할 겁니다. 5천만 원에 월세 3백만 원은 매월 절대 어기지 않고 드리겠습니다. 이래 보여도 마트는 고단수입니다."

북한에서 왔고 중곡동에서 슈퍼를 1년 정도 운영한 경험도 말씀드렸다. 그리고 함께 일할 수 있는 가족 같은 식구들도 있다고 하였다. 간절한 마음으로 진심을 담아 말씀드렸다. 힐끔 쳐다보시던 사장님이 지금 바로 5천만 원을 입금하면 바로 계약서를 쓰겠다고 하신다. 바로 은행 가서 이체하고 그날 계약서를 썼다. 이사 와서 한 달도 안 되어 또다시 번듯한 가게를 손에 쥘 수 있었다. 아! 이건 대박이다. 이런 슈퍼를 내가 운영하다니. 시설 역시 분양받은 건물주가 하신 거라 괜찮았다.

그 마트는 남편과 둘이서 할 수 있는 규모가 아니었다. 용인에 혼자 사는 삼촌과 아는 동생을 불렀다. 그들이 슈퍼마켓 운영에 대해 아무것도 모르지만, 배짱 좋게 회사를 때려치우고 오라고 큰소리쳤다. 그리고 첫 직원이 되었다. 시키는 대로만 잘 따라오라고 했던 것 같다.

열흘 정도 쇼케이스를 비롯한 냉장시설을 늘렸다. 아파트 대단지라 야채, 청과물을 비롯한 1차 상품 구색이 중요했다. 또한, 거래처

영업직원들과의 능란한 협상도 시작되었다. 이번에는 대대적인 오픈 전단지와 오픈식 행사를 했다. 오픈 첫날 매출이 470만 원이 넘어섰다! 기적 같은 일이다. 북한사람 4명이 700-800명의 남한 손님들에게 물건을 쉴 새 없이 팔았다. 퇴근해야 하는데 너무 다리가 후들거려서 걸을 수가 없었다. 어찌 안 그러겠는가. 새벽 2시 경매시장가서 야채와 과일, 생선을 가져왔고 소분(가격을 작게 나누어) 포장하여 진열까지 마치고 나니 늦은 아침 겸 점심을 먹었다.

저녁 늦게까지 진열이며, 판매며, 매입이며, 매장 분위기까지 어느 것 하나 내 손이 거치지 않으면 안 되었다. 그런데 나보다도 함께 일하는 식구들이 쭉 나가 누웠다. 힘들다고 말할 수 있는 상황이 아니었다. 그런 날들이 연속되었다. 매일 새벽시장을 직접 다녀왔다. 이른 새벽 도매시장 상인들의 모습에서 '정말 열심히 살아야겠구나'를 느꼈다. 물건을 시가보다 저렴하게 구매한 날에는 새 힘이 불끈 솟기도 했다.

출퇴근 시간에 맞추어 시장에서 가져온 1차 상품들을 하차했다. 아침에 회사로 출근하시는 분들이 '저 가게 물건 많이 내리는 걸 보니 싱싱하고 가격이 좋아서 손님이 많은가 보다' 생각하시고 퇴근길에 들러 주셨으면 하는 작은 바람이 있었다. 배달은 그때그때도 하지만 될수록 길에 쫙 늘어 놓았다. 그리고 천천히 한 시간씩 텀을 두고 배달을 했다. 이것 역시 배달 물건이 많이 진열되어 있고 밀려 있으면 '물건값이 싸서 많은 사람이 집에서 배달시키는구나. 나도 배달시켜야겠다'는 생각이 들게 하기 위해서였다.

△ 뉴타운에서 개장한 마트 매장 밖

△ 뉴타운에서 개장한 마트 매장 안

카운터에는 함께 동기로 나온 어여쁜 아가씨를 불렀다. 상냥한 웃음과 서울 말투로 인사하니 손님은 나날이 늘어 갔다. 한 번 다녀간 손님이 몇 동에서 사시는지 기억하려고 노력하였다. 그리고 얼마의 물건을 사 가도 우리 가게를 선택해 주셨다는 이유로 감사의 마음을 표현했다. 매출이 높아졌고 가게는 흥성거렸다. 그래도 우리 5명은 자장면 한 그릇도 시켜 먹지 않았다. 그렇게나 바쁜 속에서도 라면을 끓여 먹으면서, 우유에 빵을 먹으면서, 저녁이면 내가 집에 들어가 밥을 해서 내오면서 그렇게 돈을 철저히 아꼈다.

언제 날이 새고 밤이 오는지 모르는 날들 속에 어느새 장사가 잘된다고 소문났는지 타지 부동산들에서 연락이 오기 시작했다. 권리금을 많이 줄 테니 가게를 팔라고 한다. 신규 아파트 단지 내 슈퍼나 상가는 그렇게 손바뀜이 많이 일어난다. 생각해 보았다. 더구나 6개월을 쉬지 않고 달린 우리 식구들도 쉬게 하고 싶었다. 그때 마침 신규로 분양받은 아파트 계약금도 마련해야 했다. 지친 우리에게 부동산에서 주겠다는 권리금의 액수가 커서 정리하는 쪽으로 결론을 냈다.

2억6천만 원*, 보증금 5천만 원에 일부의 시설투자와 얼마 안 되는 물건으로 시작했던 가게가 권리금과 물건값 포함 2억6천만 원으로 정리되어 돌아왔다. 그렇게 아파트 대단지에서 3년 동안 가게 2개를 더 오픈했고 정확히 2009년 7월, 직원으로 있던 동생과 함께

---

\* 2억6천만 원 = 보증금 5000만 원 + 물건값 4000만 원 + 인건비 9000만 원 + 6개월 순이익금 8000만 원

서울의 뉴타운에 임대가 아닌 첫 내 집을 장만했다. 나는 34평, 동생은 25평, 어느새 남한정착 3년 만에, 서울에 아파트 두 채를 분양받게 되었다.

첫 아파트에 입주하던 날 직접 한 가지, 두 가지, 세 가지… 요리를 했다. 남한에서 처음으로 마련한 집에 대한 자부심은 대단했다. 사실 누구라도 그럴 것이다. 첫 집들이는 이렇게 정성을 담아 많은 분께 내 손으로 만든 음식을 대접하는 거라고 하면서 정성과 사랑을 담았다. 주변에 연락이 닿는 탈북 동기들을 찾아서 자랑했다.

"이게 우리 부부 공동명의로 된 아파트입니다."

△ 분양받은 첫 아파트에서 보이는 북한산

△ 2009년 11월 집들이 상차림

목소리에는 사뭇 힘이 들어갔고 남한에서, 그것도 수도 서울에 3년 만에 아파트를 마련한 멋진 사람이라고 알아주었으면 하는 바람이 가득했다. 그리고 새벽 2시가 되어 퇴근한 눈물 나게 사랑하는 나의 공신들과 한 잔씩 나누었다.

### 2007년 12월–2009년 1월

- 위치: 서울시 광진구 중곡동 42번지.
- 면적: 전용면적 18평, 앞전 활용 7평.
- 자본금: 4천3백만 원.
- 매출: 연 3억6천만 원.
- 직원: 본인 외 1명.

### 2009년 2월–2010년 3월

- 위치: 서울시 은평구 진관동 91번지.
- 면적: 전용면적 25평, 앞전 활용 15평.
- 자본금: 1억2천만 원.
- 매출: 연 12억.
- 직원: 본인 외 정규직 4명, 파트타임 2명.

### 2010년 4월–현재

- 위치: 서울시 은평구 진관동 101번지.
- 면적: 전용면적 20평, 앞전 활용 5평.
- 자본금: 1억.
- 매출: 월 5천만 원.
- 직원: 정규직 3명, 파트타임 1명.

### 2010년 7월–2011년 4월

- 위치: 서울시 은평구 진관동 88번지.
- 면적: 전용면적 25평, 앞전 활용 25평.
- 자본금: 2억 원.
- 매출: 월 6천만 원.
- 직원: 정규직 4명, 파트타임 2명.

# 3.

# 나의
# 창업 십계명

나의 창업 십계명은 아무것도 가진 것이 없는 나 같은 사람이 무에서 유를 만들어 가는 과정을 기록한 것이다. 눈물 어린 창업자금 2000만 원을, 그것도 절반은 북에서 가족을 데려오지 못한 설움이 가득한 혼자 사는 삼촌이 신용대출로 빌려준 피 같은 종잣돈이었다.

그렇게 귀중한 창업자금을 당시에 생각한 나의 십계명으로 늘려 갔다. 습관적으로 시간이 날 때마다 빈 종이에 연필로 쓰고 지우고 또 쓰고 지우고를 반복했던 십계명이다. 그것은 실행 불가능한 계획이라도 종이에 쓰면서 진하게 아로새기면 언젠가 이룰 수 있는 때가 온다는 것을 깨우쳐 주었다. 또한, 언젠가 계획하는 모든 것을 꼭 성공시키고야 말겠다는 강렬한 욕망을 불어넣어 주었다. 그렇게 탄생한 나만의 창업 십계명이다.

### 하나, 환하게 웃어라

마음속에 눈물을 흘리더라도 세일즈를 한다면 무조건 밝게 웃어라! 100원짜리 물건을 팔아도 웃어라! 1,000원짜리 카드결제라도 웃어라! 1,000원짜리 반품해 달라고 해도 웃어라! 물건을 안 사고 귀찮게 물어봐도 웃어라! 웃는 얼굴에는 여유가 묻어난다. 꼭 다시 오고 싶어진다.

### 둘, 고객을 기억하라!

오래 연습해야 가능하다. 들어서는 고객의 얼굴에서 기억하기 쉬운 한 가지를 찾아서 메모하라. 구매하는 물건도 함께 메모하라. 다음에 오면 꼭 다시 상기시켜라! 그때 사 가신 물건의 이름을 말하면서 괜찮았었는지 꼭 물어보라. 영원한 단골이 된다. 나를 알아주는 가게 주인집의 물건을 사고 싶다.

### 셋, 부단히 움직여라!

카운터에 가만히 서서 핸드폰이나 책, 컴퓨터 모니터를 보는 주인들이 너무나 많다. 순간도 멈추어 서 있으면 안 된다. 카운터에서 계산하는 시간 외에 서 있지 마라. 하다못해 매장을 걸어 다니더라도 부단히 움직여라. 고객의 입장에서 물건 사러 걸어 들어오듯이 문 열고 들여다도 보고, 한 바퀴 돌아도 보고, 신상품의 디자인도 보고, 청소도 하고, 창고도 보고…. 걸어라!

### 넷, 목소리를 높여 밝게 인사하라

"안녕하세요!" 우리가 상대하는 고객은 가게 문을 열기 전에 기분 나쁜 전화를 받았을 수 있다. 상사에게 혼났을 수도 있으며, 희망이 없다고 절망하는 일용직 근로자일 수도 있고, 시험성적이 두려운 학생일 수도 있고, 헤어진 남친 생각에 기운 없는 아가씨일 수도 있다. 밝은 톤의 "안녕하세요!"와 주인의 맑은 눈을 마주 보면, 그리고 나면 갑자기 기분이 전환되는 긍정을 불러올 수 있다. 물건을 계산하고 나오면서는 성격이 좋아 보이는 그 얼굴을 다시 보고 싶고 긍정적인 생각으로 마음이 바뀌며 또 들르고 싶어진다.

### 다섯, 물러설 곳이 없다고 생각하라

창업은 불안과 위기의 연속이다. 잘되면 성공이고 안 되면 망했다고 한다. 망했다는 것은 또한 투자했던 돈을 모두 잃는다는 것이다. 또 잃으면 그만이라고, 뭔가를 찾아서 헤맨다. 절대 물러설 곳이 없다고 생각하라. 그 생각이 망해 가는 가게를 다시 일으켜 세울 수 있는 원동력이 된다. 무조건 본전은 찾아야 한다. 장사는 남기는 것이다.

### 여섯, 노는 돈을 없애라

주인들이 카운터에 서 있고 아르바이트생이 물건 진열이나 창고 관리, 분리수거 등 잡다한 모든 일을 하는 가게들이 너무 많다. 창고에 쌓인 물건도 돈이고, 버리는 분리수거에 쓰는 종량제 봉투도 돈이다. 나는 모든 것을 다 했다. 우리 가게는 직원이 카운터에 있었다. 창고에 물건을 쌓아 두지 않았고 쓰레기 분리수거와 가게 마당청소까지 내가 했다. 재고가 있으면 돈이 묶여 있는 것이고 유통기한 지나기 전 마지막 음식도 내 손으로 얼른 현금화를 했다. 돈이 들어간 물건을 잃지 않았다. 노는 돈이 모이면 큰돈이 된다.

### 일곱, 고객과의 약속은 곧 법이다

가게 문을 열어 주었다는 것만으로도 고마운 일이다. 고객의 시간이 곧 돈인데도 많은 가게주인이 물건이 없어서 그냥 사지 않고 나가는 고객은 기분 나쁘게 보낸다. 나는 꼭 뒤쫓아 나가서 밝게 웃으며 뭐 찾으시느냐고 물었다. 그냥 돌아 가시는 고객의 뒷모습을 보는 일이 차츰 줄어들게 되었다. 여기에는 말 못 할 노력이 있었다. 주문 물건은 꼭 가져다 놓아라. 또한, 문 여닫는 시간 역시 고객과의 약속이다. 주인은 가게를 비우지 않고 항상 같은 얼굴, 쾌적한 온도, 따뜻한 음악 등 셀 수 없는 고객과의 약속을 지켜야 한다.

### 여덟, 내 가게를 사랑하라

애정은 항상 머릿속에서 떠나지 않는 그리움이다. 눈 감아도 떠도 생각나는 나만의 가게를 사랑하면 먼지마저도 소중하다. 분위기는 항상 사랑스럽다. 잔잔한 음악은 마음을 평온하게 한다. 생각해 보라! 단돈 몇천 원이라도 벌어 주는 소중한 장소인 내 가게가 얼마나 고마운가! 내 가게와 사랑에 빠지면 돈을 불러온다.

### 아홉, 내일은 태양이 뜬다

비록 오늘은 장사가 별로라도 내일은 잘될 수 있다. 희망이 있으면 절대 지치지 않는다. 장사가 안 된다고 찌푸리고 기분 안 좋게 생각하기보다는 찾아온 영업사원과 따뜻한 차 한잔 나누면서 대화를 나누어라. 내일이 되면 큰 힘으로 돌아온다. 잠깐의 고생에 대한 보상은 크다. 오늘 매출이 없다고 내일도 매출이 없지 않다.

### 열, 박수 칠 때 떠나라

장사가 잘될 때 내 건물이 아닌 임대매장이면 나와라. 꼭 잘 될 때 가게를 팔아라. 그곳에서 영원히 살 것처럼 하지 마라. 오르막이 있으면 내리막이 있다. 타이밍이 생명이다. 순간을 놓쳐 후회하면 그땐 늦다. 정말 장사가 잘되면 이제는 떠날 준비를 해라. 시간을 가지고 그동안 못 해 준 나에게 통 큰 휴식을 주어라.

△ 사회적기업 스토리텔링경연대회에서 강연

창업을 결심하신 분이라면 이 외에도 현재 자신의 자산운용기준과 기존의 능력, 그리고 그 능력에 맞는 강한 도전정신이 있어야 하며 또한 아이템선정도 매우 중요하다. 무수히 많은 수많은 업종 중에서 창업주의 도전과 의지, 능력이 가장 잘 반영된 아이템을 선정하고 상호명 제작과 인허가 사항, 업종 타당성 분석과 유동인구, 주변 인구, 경쟁업체조사, 상권분석과 입지선정, 권리금분석, 간판과 인테리어디자인, 광고마케팅, 오픈이벤트 행사 등 창업에 필요한 모든 것들을 충분한 사전준비를 거친 후에 또 철저한 조사정보를 갖고 시작한다면 실패할 확률이 어느 정도 낮아질 것으로 생각한다.

창업! 정말 어렵다. 요즘 같은 불경기에 안정적인 일자리가 없는 사람들 누구나 성공을 바라며 창업을 시작하는 것이지 망할 것을 미리 알고 준비하지는 않는다고 생각한다. 창업은 연습이 없으며 이미 시장에는 오랜 시간의 경험과 완벽한 조화와 능력을 갖춘 뛰어난 분들이 너무 많다.

창업자금도 없는 내가 유일하게 몸으로 할 수 있었던 창업십계명! 철저하게 고객을 분석했고 나만의 생각과 웃음과 마인드로 문을 여는 가게마다 성공할 수 있었다. 또한, 많은 노력 속에 피 같은 투자금을 잃지 않았다. 누구나 노력하면 할 수 있는 방법들이다. 좀 더 세분화하여 깊이 있게 분석하면 어떤 시련도 이겨 낼 수 있다.

# 4。

## 나의
## 사람들

하나원에서 교육받을 때 귀에 못이 박히게 들은 내용이 있다. 우리처럼 한국사회를 잘 모르는 정착 신병들에게 먼저 사회에 나온 북한사람들이 보험사기나 다단계, 정부지원을 더 잘 받는 방법 등 여러 가지 불법적인 길로 인도한다는 것이었다. 그래서 우리 같은 탈북민도 믿지 못했고 주변 누구에게도 나를 드러내지 않았다. 휴대폰도 없다 보니 특별히 연계해야 할 사람이 있는 것도 아니었다. 또한, 나는 사람을 사귀는 것뿐 아니라 모든 인간관계에 대한 의심이 앞서기도 했다. 괜한 오해였다. 어떤 인연이든 엮어서 간다는 것은 그럴 만한 이유가 있다. 속담에 범의 굴에 가도 정신만 똑똑히 차리면 살 수 있다는 말이 있다. 시간이 지나면서 어떤 사람들과도 소통을 많이 해야 한다는 것을 알게 되었다. 그리고 만약 안 좋은 인연이 있다면 자신이 부족한 것이라고 받아들였다.

△ 2009년, 아파트 집들이에서 직원들과 함께

첫 가게를 성공적으로 매각하고 아파트 대단지 상가를 하게 되었을 때 직원으로 데려온 믿을 만한 두 명에게 이런 약속을 하였다. 매월 급여를 지급하지 못한다. 하지만 꼭 써야 할 카드 값이나 휴대폰 월 이용료는 주겠다. 월 마지막 날 급여 총화는 장부상으로 정확하게 해주겠다. 그렇게 하려는 이유는 단돈 1원이라도 물건을 사들이는 데 쓰고 싶기 때문이다. 물건을 저렴하게 사입해야 박리다매로 이윤을 남길 수 있다. 그러니 나를 믿고 급여마저도 물건값으로 지불하자! 당신들이 나를 믿고 열심히 일한다면 월 급여는 목돈이될 것이다. 열심히 일한 만큼 가게가 정리되면 큰 보상을 해 주겠다. 이것은 어쩌면 북한사람이라서 가능했는지 모른다.

## 하나원에서 같은 아파트를 받았던 위층 삼촌

키가 작다. 그리고 귀가 얇다. 남한의 다단계라고 하는 다단계는 다 가입을 했었다. 또한, 음식물처리기와 바이오 석유를 비롯한 '상장되지 않은 유명한' 주식회사 주식도 가지고 있다. 매주 일요일이면 교회 성가대에서 찬송하며 월 급여의 10%를 십일조로 헌납한다. 북한에 두고 온 아내와 딸을 마음에 품고 아직 남한에서 가족을 맺지 못했다. 몇 년 전에 들리는 소식에는 북의 아내는 이미 다른 사람과 결혼했다고 한다.

항상 낙천적이다. 마트에서 일할 때는 새 차를 운전한다고 하다가 사고를 내서 야단을 쳤더니 "사람이 다치지 않은 것에 감사해야지 그깟 차가 뭐죠?" 하고 물어서 다음 말을 못했다. 체구는 작지만 그래서 항상 당당하다. 모아 놓은 돈이 없다. 세상만사 흘러가는 대로 살아가는 것 같지만, 책꽂이에는 최근 베스트셀러들을 다 사서 읽고 있는 마음만은 부자다. 지금은 모두가 마련한 경기도 연천의 1만6천 평의 토지에서 통일가족 마을의 꿈을 그려 가고 있다.

## 하나원에서 동기로 나온 동생

예쁘다. 누구나 보면 예쁘다고 한다. 얼굴과 다르게 성격이 무뚝뚝하다. 하지만 아주 큰 장점이 있다. 내가 하는 말은 어떤 이유도 토 달지 않는다. 그냥 듣는다. 좋다는 표현 없이 항상 따른다. 귀찮기도 하다. 은행 인터넷뱅킹용 공인인증서마저도 맡긴다. 그렇게 나를 믿는다. 그래서 우리는 오래 같이 온 것 같다. 지금은 목동 로 데오거리에서 작은 가게를 운영 중이다. 제법 직원들도 있다. 그랬더니 일이 더 많아졌다. 그 직원들 재직증명서마저도 내가 해 줘야 한다. 눈빛만 봐도 감정을 읽어 버리는 우리가 되었다.

### 하나원에서 동기로 나온 아가씨

누구도 북한사람이라고 생각하지 않는다. 남한에서 태어난 아가씨 같다. 말투에서도, 외모에서도 전혀 표시가 나지 않는다. 이 아가씨 덕분에 마트를 운영할 때 고객들과의 문제없는 소통이 가능했다. 멋진 연하남을 만나 결혼해서 새 아파트에서 잘살고 있다. 아기를 기다리는데 아직 소식이 없다. 기도하고 있다. 귀여운 여자아이가 왔으면 좋겠다.

### 하나원 동기 언니 소개로 알게 된 총각

9살에 양부모를 잃었다. 동생이 있었는데 손잡고 중국까지는 탈북했는데 그 이후 잃어버렸다. 살았는지 죽었는지 모른다. 세상에 혼자다. 북에도, 남에도 없다. 그런데 정말 일을 잘한다. 술을 좋아해서 잠깐씩 필름이 끊어지면 큰일을 낸다. 중간에 잠깐 외국으로 갈 수 있다는 브로커 사기를 당해 신용대출을 많이 받은 문제가 있다. 매월 급여의 80% 이상을 나에게 적금한다. 목돈이 모이면 대출을 갚는다. 중형마트에서 파트장으로 근무하는데 이제는 제법 판매 멘트도 잘한다고 한다. 연상 누나들이 좋아한다고 고백하는데 나름 찼다고 한다.

이렇게 나의 직원들은 하나같이 북한이 고향인 탈북민이다. 그리고 그들은 지금도 나와 삶의 모든 문제를 허심탄회하게 함께 의논한다. 이 외에도 우리 팀이 운영했던 매장들이 강서구, 양천구에 8개가 더 생겼다. 모든 일은 윗집 삼촌과 아는 동생, 그리고 하나원 동기로 나온 아가씨와 그 후에 은평뉴타운에서 사는 언니와 또 소개로 알게 된 총각 등…. 어렵고 힘들던 시절 한 치 앞도 믿을 수 없는 앞날에 나를 믿어 준 그들에게 오늘도 나는 크나큰 책임을 지고 있다. 이들과 함께 오래오래 만들어 가야 할 우리들의 공동체를 어떻게 꾸려 가야 할지 생각이 많다.

믿음에 대한 보상은 영원하다. 죽을 때까지 이들과 한 약속을 지켜야 한다. 믿어 줬기에 내가 성장할 수 있었고 그 기대를 저버리지 않으려고 나름대로 최선을 다해 왔기에 오늘이 있다고 생각한다. 그리고 인간의 눈에는 보이지 않는 마음속 생각 때문에 '열 길 물속은 알아도 한 길 사람 속은 모른다'는 속담도 있는 것으로 생각한다. 편의점을 운영하면서 창고에서 결혼정보 사업을 시작했을 때, 온라인 사업의 위력으로 갑자기 회원 수가 급증하고 빛발 치는 전화 상담에 인원이 급하게 필요했다. 운영하는 편의점에 나보다는 나이가 좀 있는 북한에서 온 언니가 계산대를 보고 있었다.

언니는 탈북 당시 아들 한 명 데리고 와서 항상 아들의 장래 때문에 걱정이 많았다. 하루는 무작정 사무실에서 함께 결혼상담을 하자고 〈엔케이결혼〉으로 출근하라고 했다. 언니는 아직 전화 받는 일이 서툴고 결혼상담은 왠지 자기랑 맞지 않다고 한사코 사양했다. 하지만 발등에 불이 떨어지고 수익이 보이는데 파악 안 되는 사람을 직원으로 두고 우왕좌왕하는 모습을 보여 주기 싫었다.

나만 믿으라고, 다 가르쳐 줄 테니 하라는 대로 기록을 하면서 차근차근 시작하면 괜찮을 것이라고 용기를 주면서 함께 시작했다. 나도 고향에 두고 온 언니가 계시니 그 언니를 돌봐 주는 마음으로 앞으로 수십 년이 흘러도 함께 동락을 해야 한다는 마음가짐으로 시작하였다. 그렇게 3년의 세월을 보냈다. 어느 날은 책상을 두드리며 내 방식에 맞지 않는다고 소리소리 지르기도 하였고 남편과 다투거나 힘든 일이 생기면 눈물 흘리며 하소연하기도 하면서 말이다. 산전수전을 그렇게 함께 겪으며 〈엔케이결혼〉이 성장했다.

추운 겨울에도 호호 불면서 언 수도꼭지를 녹이며 청소를 했고, 밥을 같이 해먹었고, 주말도 없이 고생하였다. 그렇게 고생하면서 3년째 되던 해, 설날을 앞두고 명절 떡값이라고 봉투에 넣어 드렸는데 고맙다고, 설을 쇠고는 3개월 정도 중국 쪽에 나갈 일이 생겼다고 한다. 국가정보와 관련된 중요한 업무가 생겨 아마도 중국 상해 쪽에서 3개월 정도 나가 있어야 한다고 했다.

나는 너무나 기뻤다. 아들을 혼자서 키우며 일밖에 모르던 언니라 그래도 좋은 기회가 왔으니 잘 다녀오라고, 그리고 언니가 올 때까지 다른 직원은 받지 않고 공석으로 기다리겠다고 하면서 웃으며 배웅했다. 그리고 설날이 지난 다음 날 나는 아는 친구로부터 전화를 받았다. 그 언니가 동종업계 사무실에서 일하고 있고 설날에도 지방으로 남남북녀 결혼상담을 다녀왔다고 말해 주었다.

믿어지지 않았다. 믿을 수가 없었다. 내가 아는 상식으로는 그럴 수가 없다고 생각되었지만 현실이었다. 그날부터 3달 동안을 밤 10시까지 사무실 소등을 하지 않았다. 일을 마치고 나면 항상 한두 시간씩 적막한 기운이 흐르는 사무실 책상에 물끄러미 혼자 앉아 있었다. 사람을 믿고 함께 하면서 '배신'이라는 감정을 처음 느껴 봤고 지금 생각하면 누구라도 그럴 수 있는 일을 혼자만 몰랐었다.

그동안 책상을 두드리며 야단쳤던 초라함과 평생을 함께 가야 한다는 가족 같은 마음을 품었던 자신에 대한 허망함이 오랜 시간 동안 나를 괴롭혔다. 아마도 내가 주는 급여로는 생계를 유지하기에는 부족했던 것 같다. 그리고 동종업계에서 그보다는 더 주겠다는 달콤한 전화를 수없이 받았을지도 모른다. 어찌 되었든 그렇게 소중한 직원들을 그 이후 수십 명을 잃었다.

〈엔케이결혼〉 남성회원이었던 분으로부터 엊그제 온 문자에는 〈엔케이결혼〉에 있던 많은 직원이 나가서 동종업계에 들어가거나 사무실을 차린 것을 보면 내 성품에 문제가 많은 것 같다고 충고를 한다. 맞다. 나는 굉장히 부족한 사람이다. 사람에 대한 상처는 나의 잘못과 부족함으로부터 기인한 것이라는 것을 이제는 안다. 그리고 지금도 곁에 있는 수십 명의 직원 역시 나의 부족함으로 인해 말 없는 눈물을 흘린다는 것을 안다. 그리고 그들도 언젠가는 그렇게 원망하며 떠난다는 것도 안다.

하지만 나는 오늘도 사람을 믿는다. 그리고 만나는 사람마다 나의 사람을 남기라고 역설한다. 돈도 중요하지만 돈보다 더 중요한 것은 열 백번 강조해도 사람이었다. 돈도 없고 힘도 없는 나를 믿어 주고, 묵묵히 지켜봐 주고, 나 때문에 큰 실패를 할 수 있음에도 응원해 주고 자신을 맡겨 준 혈육 같은 사람들이 있었다는 것은 내 인생의 크나큰 행운이었다. 시간이 흘러도 잊히지 않는 그 시절 사람들을 평생 보호해 주는 넓은 그늘이 되고 싶다.

나의 사람들에게 항상 이런 얘기를 한다. 오늘은 비록 당신들에게 급여를 지급하지만, 시간이 흐르고 세월이 지나면 사람 일은 아무도 모른다. 특히 나는 아무것도 모르는 주먹구구식의 사업방식이라 뭔가 잘못되었을 때는 수습이 힘들다. 또 사람이라서 건강상 이유로 쓰러질 수도 있다. 그럴 때 힘이 되어 달라. 그리고 우리 아이들을 부탁한다. 지금 당신들에게 하듯이 우리 아이들을 보살펴 달라.

사실 너무 비관적인 생각인지도 모른다. 그러나 나의 오랜 습관으로는 앞날에 대한 예측은 신도 못 한다는 것이다. 현실이 지금은 비록 성공의 문턱에 다다르는 것 같지만, 불의의 사고에 대한 대처 능력은 현저히 떨어진다. 그래서 나도 믿지만, 나의 사람들을 더 믿고 신뢰한다. 그리고 그들이 꼭 인생의 승리자가 될 수 있게 내 힘껏 돕고 싶다.

제3장

# 산다는 것은 기적이다

# 1.

## 내 고향
## 아오지

'아오지'는 라틴어로 불붙는 돌이라는 뜻이란다. 아버지는 고향이 중국이셨다. 3남의 막내로 중국 길림에서 태어나셨으나 고등학교에 진학할 수 없는 가정 형편 때문에 무상교육이라는 북한으로 홀로 넘어오셨다. 그래서 유명한 함흥 화학공업대학을 수석으로 졸업하시고 아오지에 있는 석탄 단과대학의 교수로 발령받으셨다. 엄마는 아오지에 있는 큰 기업의 회계사로 근무하셔서 나름대로 유복한 집안에서 좋은 교육을 받으며 성장했다.

하지만 어릴적 다니던 학교는 아오지탄광에 다니는 자녀들과 함께 공부하였다. 지금 생각해 보면 앞뒷집에 국군포로 자녀들도 많았던 것 같다. 지지리도 구박을 받던 어릴 적 친구들도 국군포로의 자녀라는 이유로 많은 제약이 있었다.

△ 아오지 아침 풍경, 굴뚝에서 밥 짓는 연기가 자욱하다

△ 남녀구분 없는 북한의 재래식 화장실

그때 우리가 사는 집들은 일본사람들이 지은 빨간 벽돌 사택인데 한 줄에 10세대씩 다닥다닥 붙어 있는 함바집이었다. 지금도 생각나는 것은 집에 화장실이 없어서 아침 시간이면 줄 서던 공동화장실에 대한 안 좋은 기억들이다. 빠질까 봐 무서워 밑을 안 보려 하지만, 눈이 쓰리게 올라오는 암모니아 가스 냄새가 진동하던 그곳….

그럼에도 내 고향 아오지를 사랑한다. 항상 긍정적이고 밝은 성격으로 키워 주신 부모님들 덕분에 나름대로는 할 수 있다고 생각하는 모든 것에 도전하는 당돌한 아이였다. 수학능력이 탁월하여 시간이 좀 남으면 몇 장씩 넘어가는 유도방정식을 풀었던 그 시절 기억이 눈물 나게 행복하다. 그리고 키가 또래 중에서는 유별나게 커서 음악 활동을 하는 그룹에 소속되어 잠깐이었지만 오케스트라 첼로 파트를 했다. 재일동포가 모교에 기증한 야마하 피아노에 맞추어 노래하고 연주하던 그때가 새록새록 떠오른다.


나는 1남 3녀의 막내딸로 사랑받는 아이였다. 우리 4형제는 모두 대학을 나왔다. 아버지는 참 머리가 좋으셨다. 1년에 한 번씩 전국에서 개최하는 교육부 출품행사에 아버지가 만든 물리 기구들이 항상 대상을 받았다. 아버지는 의사를 못 하신 아쉬움을 맏딸에게서 이루셨다. 큰언니는 의학대학을 수석으로 전 기간 장학금을 받으며 공부했다. 오빠와 둘째 언니 역시 대학을 나왔고 교사를 하신다. 나는 참 복이 많게 태어난 것 같다. 어떻게 보면 북한 아오지라는 곳에서 태어났지만, 최하층의 신분은 아니었다.

아오지에는 국군포로 가족들이 많았다. 우리 반에도 아빠 고향이 남한이었던 금순이라는 아이가 있었다. 동네에서 금순이 아빠의 얼굴을 똑바로 본 사람이 없다. 항상 머리를 숙이고 땅에 떨어진 뭔가를 줍는 사람처럼 하고 다니셨다. 행색은 너무 초라했고 누구하고도 대화하지 않는 벙어리 같은 분이셨다. 그런데 하루는 온 동네에 충격적인 일이 발생했다. 금순이네 네 자매의 맏언니가 임신한 것이었다. 더욱이 아이의 아빠는 금순이 아빠였다. 그 시절 북한에선 상상할 수도 없는 일이었다. 적막한 아오지탄광에서 누구한테도 마음을 주지 못하던 금순이 아빠가 집 김치움에서 오랜 기간 자신의 딸을 성폭행했다. 그리고 금순이 아빠는 감옥행을 했고 교화형을 살다가 세상의 빛을 보지 못하고 돌아가셨다.

더구나 국군포로 가족이라 말도 변변히 못 하던 금순이네는 그 일이 있었던 후부터는 더 처절한 삶을 살았다. 금순이 엄마는 어디 먼 곳으로 시집을 가고 네 자매는 그렇게 '고난의 행군' 시기에 하나, 둘 세상을 하직했다. 나 역시 금순이와 한 학급이었지만 한 번도 대화해 본 적이 없었다. 어쩌면 국군포로로 끌려와 한평생 하늘 한번 올려다보지 못하던 금순이 아빠의 한 많은 인생이 자식을 성폭행하는 범죄를 낳았다고 생각된다. 그리고 단지 아빠의 고향이 남한이라는 이유 하나로 모질게 세상을 겪다가 어린 나이에 다들 세상을 떠나 버린 네 자매도 냉전시대가 낳은 산물이라고 생각된다. 지금도 아오지의 땅과 하늘에서 눈도 못 감고 떠돌고 있을 수많은 영혼을 고향으로 모셔올 수 있는 시기가 빨리 오길 기도한다.

그때는 어린 마음에 어서 커서 모교에 꼭 좋은 악기를 기증하고 싶었고 훗날 훌륭한 모습으로 다시 찾고 싶었다. 밝고 꿈 많고 당돌한 아이여서 항상 주변에 친구도 많았다. 하지만 어찌 된 일인지 25살까지 맞선 한번 보지 않고 고등학교 짝꿍으로 첫사랑이던 남편이랑 1998년 3월 28일 결혼식을 올렸다.

막내딸 결혼식에 쓰려고 아끼고 아끼던 아버지 쌈짓돈은 말솜씨 좋기로 유명한 시댁의 둘째 시형이 사업자금으로 쓴다고 빌려다가 말아먹은 후라서 정말 소박하게 결혼식 상차림을 했다. 양가 부모님들 모두, 어릴 때부터 서로 왕래가 있었고 무언으로 사돈 감으로 점찍으신 듯하다. 우리는 그렇게 결혼하여 신혼 1년을 아오지에서 살았다. 때는 '고난의 행군'으로 수백만의 아사자들이 길에 누워 있던 시기였다.

그러던 중 대학 교단에서 수많은 대학생을 배출하신 아버지가 남편의 공부를 결사반대하셨다. 그도 그럴 것이 한평생 교수로 살아오신 아버님 친구 중 많은 분이 이미 굶어서 돌아가신 뒤였다. 나라가 이 모양인데 무슨 공부냐고 화를 내는 장인의 반대에도 남편은 태어날 아이를 위해 아빠의 역할을 한다고 도시에 있는 사범대학 입학시험을 치르고 합격했다. 첫애를 낳고 11개월 만에 우리는 그렇게 도시로 상경했다.

아오지는 나에게 고향이고 사랑이다. 하지만 내 고향 아오지는

△ 1998년 3월 28일, 북한 아오지 고향에서 한 결혼식 사진

△ 2005년 12월 11일, 시부모님 환갑생신상에 모인 시댁 식구들

지금도 우리를 반역자, 도망병으로 기억하고 있다. 어떻게 이런 일이 지금 같은 시기에 있는 건지 아직도 잘 모르겠다. 그냥 내가 태어난 그곳, 탄광 마을 모교에 희망을 노래하는 악기라도 보내 주고 싶은데 할 수가 없다. 과연 그런 날이 살아서 올 수 있을까?

마지막으로 아오지를 가 본 때가 도시에서 식품무역으로 크게 성공하고 남한으로 오기 직전이다. 5년 만에 다시 찾은 아오지는 황무지 같았다. 시부모님 환갑생신상을 차려 드리고 싶어서 도시에서 많은 준비를 해서 갔다. 희뿌연 하늘에 먼지 바람이 몰아치고 탄광은 석탄생산이 멈춘 지 오래되어 삭막하던 땅이었다. 헤어지던 날, 시아버님 눈에 가득했던 뜨거운 눈물! 그리고 왠지 나의 손을 꼭 잡으시고 절대로 나쁜 의도를 가지면 안 된다고 하셨던 이유를 나는 안다. 아마도 해외에 다녀온 내가 아버님 보시기에는 자본주의에 푹 젖어 있다고 생각하셨으리라. 그리고 당신의 막내아들을 데리고 불현듯 나라를 배반하고 탈북할 것 같다는 생각도 모름지기 하셨을 것 같다. 지금도 부모님 생신날이면 가슴이 너무 먹먹하고 아파서 손으로 지그시 가슴을 누를 때가 많다. 제발 살아만 계시기를 간절히 기도하면서 불효자식 된 서글픔을 금할 수 없다.

# 2。

# 계란 9알의
# 성공

 

신혼집을 팔아서 도시로 상경했지만, 그 돈은 눈물겹게도 도시에서 30일 만에 거덜 났다. 거처는 남편의 대학보다는 돈을 잘 벌 수 있는 시내 중심지로 잡았다. 남편은 대학까지 하루에 왕복 세 시간 이상을 걸어 다녀야 했다. 나는 아직 돌이 채 안 된 딸을 데리고 혼자 사시는 할머니랑 함께 살기로 했다. 그리고 매일 국수 1킬로를 살 수 있는 25원을 드리고 대신 할머니가 아기를 봐 주기로 했다.

성이 '동'씨여서 '동할머니'라고 불렀던 마음 좋은 할머니. 그분은 옆집에 아들 부부가 살고 있었지만 워낙에 나라가 어려울 때라 아들 부부도 부모를 어쩔 수 없는 형편이었다. 아오지 신혼집을 판 돈이 한 달 만에 떨어지고 이제는 정말 아무것도 없었다. 주머니에 남아 있는 것은 단돈 100원. 남편은 대학생들이 봄철이면 학업을 중단하고 나가는 농촌지원전투를 40일 동안 갔다. 눈 딱 감고 떠났던 것 같다. 그리고 그동안 내가 아기랑 어떻게든 살아 있기만을 절실히 바라면서….

그래서 동할머니 집에 주는 25원짜리 국수 1킬로를 살 돈도 아까웠던 나는 그곳에서 태어나 사는 사촌 언니네 집을 찾아갔다. 남편이 없는 40일 동안이라도 언니네 집에 얹혀 있으면 하루 25원은 모을 것 같았다. 하지만 날이 푸르무레한 새벽 4시쯤 사촌 언니는 곤하게 잠들고 있는 아기와 나를 깨웠다.

"아저씨(북한에선 형부를 아저씨라고 부른다) 동생이 며칠 전에 와서 하루 이틀만 좀 함께 있자고 하는 걸 안 된다고 돌려보냈다. 그런네 내 쪽 핏줄이라고 너를 아기까지 데리고 한 달이나 데리고 있으면 칠성판 지고 다니며 바다에 나가서 물고기잡이 해서 돈 벌어오는 남편에게 내가 면목이 없다…. 그러니 인자 그만 자고 깨나서 애기 데리고 가라…."

아마 내가 잠든 사이 형부랑 언니가 나 때문에 다툰 것 같다. 푸름이 밝아오는 새벽길을 등에는 잠든 아이를 업고 정처 없이 울면서 걸었다. 부모님도 반대했고 시댁도 반대하는 길을 나랑 남편이 온 거라 누굴 원망할 수도 없었다. 숨조차 쉴 수 없게 막막해서 인적 없는 새벽 시간을 울며 걸었던 그 길을 영원히 잊을 수 없다. 젖먹이를 안고 그날 온종일 울고 있다가 마침 회의차 도시로 올라온 큰 형부를 만나게 되었다. 그런데 나보다 더 놀라는 것은 형부였다.

내 얼굴이 말이 아니었나 보다.

"이러다 처제 죽이겠소. 고향에 가도 힘들면 우리 집으로 오오."

형부의 그 말이 얼마나 고마운지! 그날 바로 따라가겠다고, 그냥 이제는 무작정 가야 살 것 같았다. 눈에 밟히는 것은 아무것도 없었다. 아이와 나만 살면 될 것 같았다. 하지만 형부는 남편이 농촌지원전투가 끝날 때까지만 견디라고, 이제 돌아와서 자기가 가족을 데려간 줄 알면 그동안 얼마나 허전하겠냐고, 그렇게 위로하며 떠나갔다. 아마 그때 형부랑 같이 큰 언니네 집에 내려갔으면 오늘의 나는 없었을 것이다.

'그래! 견디자! 남편이 돌아올 때까지만 견디고 그다음에 고향으로 내려가자!' 이렇게 결심하고 동할머니네 집에 국수 1킬로를 사서 들어가니 이제 남은 돈은 75원이다. '단돈 75원으로 할 수 있는 것이 무엇이 있지?'

다음날 이른 아침, 시장으로 나왔다. 이른 봄이라 조금 쌀쌀했다. 아직 문을 열지 않은 시장입구에는 다른 지역에서 물건을 가지고 온 장사꾼들이 여럿 있었다. 대체로 남쪽에서 나는 물건들을 북쪽으로 가져온 행상꾼들이었다. 오늘 아침엔 무슨 기차가 들어왔나 살폈다. 그들 중에 계란 장사가 몇 명 있었다. 한쪽에서는 도시 사람들이 계란을 좀 싸게 받으려고 함지박을 놓고 세고 있었다. 도매로 몇백 알의 계란을 넘기고 있었다. 주머니의 돈 75원, 그것은 계란 9알을 살 수 있는 금액이었다. 넘겨받은 분께 사정하였다.

"아주마이! 저……. 제가 애기를 눕혀놓고 나왔습네다. 부탁인데 조금 큰 계란으로 9알만 살 수 없겠습메?"

"아니~ 첫 마수걸이도 못했소. 그렇게 팔면 안 되오. 행상이 딱 하니 좀 기다리오. 일단 100개를 팔고 보기요."

"예 기다리겠습니다!"

그렇게 한참 뒤 빵을 만들어서 파는 빵 장사꾼이 100알의 계란을 마수걸이로 가져가고 나서 내 순시가 되었다. 좀 큰 것으로 골라서 9알을 샀다. 동할머니 집은 시장에서 멀지 않은 곳이라 금방 들어갈 수 있었다. 야외화로에 콕스로 불을 지폈다. 물을 넣고 약한 불에 살살 돌리며 10분 정도 계란을 삶았다. 깨끗한 그릇에 따뜻한 물과 함께 김이 나는 계란을 담았다. 그리고 고이 안고 나와서 문이 열리지 않은 시장 밖에서 허기에 지친 사람들에게 따뜻한 계란을 팔았다.

10원씩 파는 데는 5분도 걸리지 않았다. 75원이 90원이 되는 데는 총 15분 정도 걸렸다. 내 나이 26살! 그렇게 여러 번을 삶아서 내다 파니 그날 75원을 벌었다! 도합 150원이 되었다. 눈물 나게 행복했다. 그 다음 날도 똑같이 했고 남편이 돌아올 때쯤 계란 몇백 알을 움직이고 있었다. 자신감에 차 있는 나에게 남편은 눈을 슴벅이며 그동안 먼 일이 있었는가 하고 묻는다. 이럴 줄은 정말 몰랐다고….

그리고 나서 두 달 뒤 남편에게 자전거를 사 주었다. 남편의 대학

출퇴근은 한 시간으로 단축되었고 올 때마다 외화벌이 회사에 들러서 자전거 뒤에 물건을 실어 도매가격으로 가져다주었다. 나도 팔지만, 주변 상인들에게 조금씩 붙여서 도매도 하였다. 하지만 시내 장마당의 텃세는 이만저만이 아니었다. 옆자리에는 나보다 나이도 좀 있지만 아주 얼굴이 예쁜 도시의 본터 여자가 장사를 기가 막히게 잘하고 있었다.

여자는 워낙에 장사를 한 기간도 오래되었지만, 그보다는 남편과 가족의 도움으로 장사밑천도 많았다. 물건을 펼치면 가판대는 정말 남과 북이었다. 내 가판대에는 몇 개의 물건으로 초라하여도 옆자리 여자는 한 번도 본 적 없는 일본산 식품부터 중국산까지 없는 게 없었다. 그러다 보니 단골손님도 많았다. 온전히 하루 동안 나는 1원짜리 껌 몇 개와 식품 한두 개만 팔 때도 그 여자는 많은 물건을 박스로 팔고 있었다. 어린 마음에도 자괴감이 들었고 어떻게 해서라도 얼굴에 웃음을 잃지 않으려고 연습했다. 슬픈 일이 있어도 울지 않으려고 노력하며 웃는 얼굴을 가진다는 것이 얼마나 오랜 숙련을 요하는지를 그때 알게 되었다.

하루는 이른 아침에 나와서 점심시간이 다 되어 가도록 마수걸이를 하지 못했다. 그런데 옆의 여자는 벌써 몇백 원어치의 물건을 팔았다. 수없이 물건을 파는 그 여자를 물끄러미 지켜보다가 어떻게 내 입으로 콧노래가 흥흥거려졌다. 바로 그 순간 이상한 경험을 하게 되었다. 마음은 타들어 가는데 입으로 콧노래가 흥얼거려지니 그 여자가 이상하게 올려다보았다.

"아니~ 정신이 돌았니? 노래는 왜 부르는 거니?"

내 얼굴은 웃으며 노래하는데 물건을 많이 팔아서 당당한 여자 얼굴은 퍼러딩딩하다.

"내가 노래를 부르는 게 어떠우? 마음이 즐겁지 않습네까? 옆에서 노래 불러 주는데…."
"얼굴이 환하니 좋구만~! 나도 웃는 얼굴의 판매원한테서 물건 사고 싶소!"

마침 여자의 물건을 사던 손님이 거들며 내 물건도 사 주셨다. 그 일이 있은 후 시간이 흐를수록 옆 도시여자의 얼굴은 이지러지고

△ 북한 라선시장, 북한에선 모든 물건이 시장에서 거래된다

내 얼굴은 환하게 피어올랐다. 나는 알았다. 웃는 얼굴이 복을 부르며 돈을 벌게 해 주고, 비록 시골에서 왔지만 어떤 일이 있더라도 도시에서의 나는 울지 않겠다는 것을!

그렇게 다음 해 3월, 신혼집을 팔아서 도시로 올라온 지 꼭 1년 만에 도시에 집을 샀다. 이미 그 동네에서 유명인사가 되었다. 젊은 여자가 머리가 좋고 인사성 바르고 장사를 잘한다고 소문이 나 있었다. 그러면서 집은 점점 커져 갔고 어느덧 주차장 달린 집에서 물건을 대량으로 판매하는 식품회사 사장이 되었다.

등 뒤에서 처량하게 울던 큰애는 어느덧 도시 유치원에서 가장 사랑받는 아이가 되었고 피아노 선생님이 매일 방문하여 개인 교습을 받았다. 남편은 대학을 졸업하면서 간부 사원으로 좋은 직장에 취직되었고 나는 도시의 이름 있는 기업들의 명절 공급을 다 해

△ 2005년 12월 9일, 북한 청진 집에서 찍은 딸아이 사진

주는 큰 거부로 성장하였다. 그리고 도시 생활 5년이 되는 시점에는 식품유통으로 큰 회사 물건 사입을 담당하게 되었다.

그렇게 장사수완은 점점 시간이 지날수록 좋아졌다. 탁월한 능력이 있는 것은 아니었다. 매일 저녁 집에 들어와서는 어두운 등잔불 앞에서도 물건을 정리하고 매입과 매상을 집계하였다. 습관처럼 아침에 출근할 때 돈 가방에 금액은 똑같고 그날 하루 장사를 하여 번 수입은 따로 챙겼다. 매일매일 돈이 모이는 현실이 눈에 보였다. 또한, 항상 웃는 얼굴로 손님을 맞이했고 혹시 바쁜 일이 생겨 외상으로 물건을 달라고 하여도 장부에 기록만 하고 그냥 드렸었다.

그렇게 외상거래를 하기 시작하니 많은 단골이 생겨났다. 설날이나 명절날이 오면 큰 기업을 운영하는 지배인들이 와서 물건을 주문하고는 돈이 없다고 사정하기도 하였다. 그 외 많은 기업 간부들도 나의 도움으로 그 자리를 유지하고 있었고 버는 돈의 몇 퍼센트는 그런 쪽으로도 들어가게 되었다. 대도시에서 장사하면서 그 정도는 감안해야지 하면서 노력을 했다. 그러다 보니 북한에 사는 사람들은 상상도 못 하는 뜻밖에 행운이 왔고 해외로도 나오게 되었다.

내가 남한에 살면서 처음부터 하면 된다는 자신감이 나오게 된 계기는 바로 이렇게 북한에서 성공을 맛보았기 때문에 가능한 것으로 생각한다. 그 세상에서도 잘살았는데 여기는 땅 짚고 헤엄치기만큼 쉽다고 생각하는 긍정의 자신감이 오늘의 나를 만든 것 같다. 그래서 지금도 북한처럼 생각하면 못 해낼 일이 없다고 주변 사람들에게 강조한다. 누구나 처음부터 부자로 태어나지 않는다. 설사 부모님에게 많은 재산을 넘겨받는다고 할지라도 내 손으로 돈을 벌 수 있는 능력이 없으면 그것을 유지하기는 매우 어렵다. 꼭 돈은 내 손으로 벌어서 모아 봐야 큰돈을 벌 수 있다. 지금 힘들다고 생각해도 아마 계란 9알을 살 수 있는 돈이 없지는 않을 것이다. 힘들다고 생각하기보다는 현재의 위기를 어떻게 타개할지를 생각하고 정신을 차리면 꼭 해낼 수 있다.

그리고 지금, 남한에 와서 그때보다 더 힘든 좌절은 아직 겪어 보지 못했다. 남한생활 10년간 어떠한 경우의 수도 이겨 낼 수 있었던 이유는 할 수 있다는 긍정의 자신감과 가장 잘할 수 있는 일들을 깊은 시장분석과 무한한 노력으로 뛰어들어 무조건 성공하는 자신에 대한 믿음과 내 생각을 응원해 주는 사람들이었다. 지금의 매일 매 순간이 정말 감사하다. 생각하는 대로 만들 수 있고, 꿈을 가질 수 있으며, 미친 듯이 하고 싶은 일을 하는 지금 이 순간이 너무 행복하다. 그리고 작은 경험이나마 도움이 될 수 있는 사람이 있다면 기꺼이 조언해 주고 싶다.

우선 무엇과도 바꿀 수 없는 열정을, 자다가 눈을 떠도 소스라치게 하는 강한 열정을 가질 수 있는, 가장 미칠 수 있는 나만의 그것을 찾으라고! 그리고 그것을 딛고 일어서고 자신을 또 뛰어넘고 또 딛고 올라서고…. 시간이 흐른 뒤, 어느 순간 아스라이 높은 건강한 정신력을 가진 새로운 '나'를 찾을 수 있으리라!

# 3。

# 자유를
# 찾아서

　도시생활 1년여 만에 계란장사로 성공한 내가 처음으로 마련한 집은 1동 4세대의 하모니카 주택이라고 하는 집이었다. 이제 좀 먹고살 수 있을 만한 능력이 되어 부모님들을 모셔 왔고 집과 아이를 돌봐 주셨다. 부모님이 계시니 막내로 자란 내가 큰 집이 되어 버렸다. 북한에서도 경제적 여유가 있는 사람이 부모님을 모시면 다들 그 집으로 인사하러 온다. 큰언니는 군 단위 병원에서 의사로 일하고 있었는데 생활형편이 나아지지 않았다. 항상 부모님을 보러 온다고 하지만 사실은 입던 옷이나 다만 얼마의 식량이라도 해결하고 싶어서 오는 경우가 많았다.

　지금 생각하면 얼마나 많은 눈치를 봤을지 모르겠다. 그렇게 왔다 갈 때면 밀가루 한 포대라도 보내 드렸는데 한번은 아침에 분명히 간다고 바래 준 언니가 어두운 저녁에 다시 들어온 적이 있다.

△ 아오지의 집들, 창문 하나가 한 세대이다

차를 타려고 나온 길거리에서 밀가루 포대를 도둑맞은 것이다. 그 날 얼마나 야단을 쳤던지! 왜 그렇게 멍청하냐고 소리 질렀던 못난 동생 때문에 언니가 얼마나 마음속으로 눈물을 흘렸을까! 그리고 그 밤 큰언니는 다시는 찾아오지 않겠다고 나갔다. 마음이 아프다. 이제라도 진심으로 사죄 드리고 싶다.

## 2002년 7월 1일

열심히 살아가는 사람의 눈에는 희망이 넘쳐난다. 비록 북한이라 는 어두운 세상이었지만 나에겐 곳곳에 돈을 벌 기회가 보였다. 북 한의 새로운 경제관리에 대한 공문을 발표한 날이다. 그때 도시에 서 한창 식품을 도매하던 나는 며칠 전부터 이상한 소문을 듣게 되었다. 나처럼 운영하는 사장들이 모두 식품을 팔지 않았다. 이유는 정부에서 화폐개혁을 해서 지금 돈이 휴지조각이 된다는 것이었다.

가만히 생각해 보았다. 설사 휴지가 된다 하더라도 지금 누구도 식품을 팔지 않을 때 가격을 몇 배를 불러도 가져가겠다고 줄 서 있는 상인들이 있는데 어떻게 되었든 해봐야 알 것 같았다. 며칠 동안 유독 상품을 내는 곳이 나밖에 없다 보니 물건은 4-5배의 가격을 지불하면서 가져가는 사람들이 많았다. 그리고 소문의 당일! 화폐개혁은 일어나지 않았다. 도시의 각 중요한 위치마다 '새로운 경제관리체계를 확립할 데 대하여'라는 포고문이 크게 나부꼈다. 국가가 정한 국징가격으로 물건을 팔아야 하며, 매일 국가에 이윤의 몇%를 내야 하며 등 시장관리체계가 바뀌었다.

불과 며칠 만에 큰돈을 만지게 되었다. 북한에서 부동산이나 토지는 정부의 것이다. 하지만 개인끼리 암암리에 웃돈을 얹어 주고 집을 바꾼다. 작은 하모니카 주택에서 살던 나는 큰돈이 모이자 집을 바꾸었다. 주차장이 있어 차가 집 문앞까지 올 수 있는 단독주택이었다. 그것을 발판으로 단골들이 더 많이 늘어났고 도시 보위부, 안전부, 당기관 등 많은 공직자와의 안면도 좋아졌다. 관계가 좋았던 보위부 외사과장이 아주 좋은 제안을 하였다. 상부에서 고위급이 출장을 내려오면 거기에 필요한 접대 물품들을 내가 절대 비밀로 하고 넣어 주는 조건이었다. 그리고 해외에 물건 사입을 위해 나갈 기회를 가졌다.

아주 괜찮은 거래였다. 북한에서 30살의 여성이 여권을 받아 해외여행을 간다는 것은 상상도 할 수 없는 크나큰 행운이었다. 그도 그럴 것이 외국으로 나가려면 나이가 45세 이상이 되어야 하고 출신 성분이 좋아야 하며, 특히 조선노동당원이 되어야 하는 특별한 조건들이 많이 붙어야 가능한 일이었다.

중국 쪽에 사촌들이 있으므로 나가기만 하면 시장조사를 비롯하여 괜찮은 물건들을 사입하고 유통에 더 큰 기회가 올 거라고 짐작했다. 한 1년 정도 열심히 보위부 외사과의 식품 관련 업무를 무상으로 해 주었다. 평양에서 큰 간부들이 내려오는 날에는 들어가는 돈이 만만치 않았다. 하지만 외국에 나갈 수만 있으면 그 돈은 몇 배로 불어난다는 것을 잘 알고 있었다.

드디어 2005년 10월, 세관검사를 마치고 중국으로 나오게 되었다. 오전 시간이었는데 국경을 넘어오는 사람은 나와 다른 사람 한명뿐이었다. 앳된 얼굴의 나를 여자세관원이 속옷까지 세심하게 검사하며 잘 갔다 오라고 하는데 눈길이 정말 섬찍했다. 여권 기일은 60일 체류였지만 하루라도 빨리 돌아가고 싶었다. 시장조사는 일주일이면 충분했고 앞으로 거래를 대량으로 할 수 있도록 거래처도 많이 확보했다. 그리고 이미 10일째 되는 날에는 5톤 차량으로 식품을 먼저 내보냈다. 아무리 맛있는 음식을 먹어도, 훌륭한 공연을 보고, 황홀한 도시를 봐도 마음 한구석에는 재롱부리던 6살 딸과 가족이 어른거렸다.

그리고 이유 없이 목이 꽉 잠겨 오고 가슴이 너무 아팠다. 처음으로 접해 본 인터넷으로 탈북자라는 말을 보게 되었고 남한에서 탈북자들에게 많은 혜택을 준다는 것도 알게 되었다. 심장이 후드득 뛰었고 여권을 주던 날 보위부 담당 지도원이 싸인 받았던 서류가 생각났다. 내가 해외에 나갔다가 안 돌아오면 가족이 보증인으로 잘못된다는 내용이었다. 어찌 되었든 마음은 추후의 미련도 없이 23일 만에 중국체류를 끝내야겠다고 결정했다. 중국세관의 검열은 뜻밖에 너무 간단했다. 교두를 건너오는데 멀리 김일성 초상화가 보인다. 그리고 인공기 펄럭이는 세관 입구에 서니 눈에 눈물도 글썽거렸다.

조국이구나! 자본주의 황색 바람에 잠깐 생각이 젖긴 했지만 그래도 당당히 이겨 냈다는 어떤 자신감에 만감이 교차했다. 워낙에 기회가 기회이니만치 상품이 5톤 차량으로 가득했다. 컴퓨터 9대, TV 5대 등 전자제품들은 일단 다른 방으로 들어갔다. 1-3일 정도 검열을 받아야 한다고 했다. 그리고 의류 짐들은 풀어 놓으니 1개가 3개로 불어난다. 상표가 있는 것들은 무조건 회수란다.

거기에 또다시 섬찍한 그 여성세관원에게 불려 다른 방으로 들어갔다. 정말 중요한 부위까지 검사하는데…. '인간이 이렇게까지 해야 하나?' 하는 억울한 감정이 솟아오르기 시작했다. 아침부터 시작된 세관검열은 저녁 늦게 끝났다. 그리고 물건 중의 40% 정도를 회수했고 컴퓨터 9대는 아무래도 며칠 뒤에 와서 찾아가란다. 검사를 하는 세관원이 출장 중이라서 오늘 못 가져간다고 한다.

또한, 노래 CD를 몇 개 짐 속에 넣은 게 있었는데 그 노래들이 사

△ 2017년 7월 8일, 북중국경에서 함경북도 남양군쪽을 찍은 사진

△ 같은날 사진으로 두만강을 마주하고 새로 지은 아파트들

회주의 사상에 문제 있는 노래라서 그것 때문에 해외로 내보낸 보위부에 통보해 놓았으니 연락이 올 거라고 한다. 무거운 마음으로 일단 짐을 추스르고 집으로 가는데 깊은 밤이라서 길이 너무 많이 어두웠다. 40킬로 정도 떨어진 집까지 화물트럭 운전 칸에서 마중 나온 남편과 기사랑 함께 앉아서 이런저런 중국에서 보았던 얘기들을 하면서 새벽에야 집에 도착했다. 어린 딸까지도 잠들지 못하고 내 목을 꼭 감싸 주자 정말 집에 왔다는 행복함이 들었다.

하지만 짐을 부리려는 순간, 헉! 하는 맘에 눈물이 났다. 짐칸에 남아 있는 것은 바닥에 깔린 박스가 전부였다! 북한에서 유행하는 쓰리절도단에 걸린 것이다. 절도단은 남양교두에서부터 집까지 오는 동안 산령마루를 오르는 트럭의 속력이 떨어지자 짐칸에 몰래 숨어 들어 짐을 묶은 밧줄을 끊고 차가 덜컥거리면서 떨군 짐을 주워서 시장에 팔았을 것이다. 다른 것보다도 6살 딸아이 자전거와 장난감 박스, 그리고 한 개, 두 개 정성으로 구매한 아이 옷과 학용품…. 어린 마음에 엄마가 자전거 사다 줄게 하고 손을 꼭 걸고 한 달 가까운 시간을 기다렸을 아이에게 줄 수 있는 게 없었다.

맘을 추슬러야지, 너무 아쉬워하는 아이를 꼭 안아 주며 사탕을 손에 쥐어 주었다. 내가 눈물 흘리니 온 집안이 초상난 집 같은 기운이 감돈다. 어수선한 기분에 아침밥을 먹기 바쁘게 담당 보위지도원이 찾아왔다. 부탁했던 TV는 가져왔느냐고 물으면서 아주 당당한 목소리로 오전에 도보위부에서 찾으니 같이 가자고 한다. 씻지도 못하고 불려가서 몇 시간 동안 조사를 받았다. 아무 이유 없이 출국해서부터 일정을 쓰고 누구를 만났는지를 쓰라고 하는데 무서웠다.

하지만 그게 끝이 아니었다. 컴퓨터를 찾으러 이틀 만에 세관을 다시 찾은 나는 그냥 무너져 주저앉았다. 컴퓨터 9대에서 당의 유일사상체계에 어긋나는 나쁜 자료들이 나왔으니 100% 회수라고 한다. 이럴 수는 없다고 붙잡고 애원하는 나에게 험상궂은 표정의 세관원이 하는 말!

"하느님이 어디 있어?"

그로부터 보름 동안 매일 보위부에 불려가서 비판서를 쓰면서 알게 된 내용은 이러했다. 컴퓨터를 중고로 구매하다 보니 하드디스크에 성경 내용이 저장되어 있었고 어떤 컴퓨터에는 한국노래와 영화, 또 다른 컴퓨터에는 도서들이 있었다고 한다. 북한입장에서는 발칵 뒤집힐 내용이었다. 그것은 자칫 남한 안전기획부의 지령을 받은 간첩으로 오인되어 잘못하면 감옥행이었다.

머릿속이 하얘졌다. 이럴 수는 없다. 어떤 유혹도 이겨 내고 가족과 고향을 찾아서 왔는데 그런 나에게 간첩이라니! 보위부에 갇혀 있는 나를 위해서 남편은 내세울 수 있는 모든 인맥을 활용했고 쓸수 있는 돈을 다 쓰면서 구명 활동을 했다. 그래서 나는 아무것도 모르고 컴퓨터 상가에서 구매한 것으로, 적들의 비사회주의 책동이 날로 교묘해진다는 것으로 사건이 마감되었다.

2005년 12월

사랑하는 조국은 그렇게 절망감을 안겨 주었다. 그리고 미련이 없어졌다. 인간이 태어나 이렇게 죽을 수는 없었다. 사랑하는 아이를 인권이 조금도 보장 없는 이런 나라에서 성장하게 하고 싶지 않았다. 매일 밤 남편에게 겪고 보았던 세계의 현실을 이야기하였다. 아이를 데리고 가자고, 5년 뒤면 우리가 지금 하는 선택이 얼마나 잘한 선택인지 알게 될 거라고…. 하지만 지금까지 오직 당과 혁명 앞에 끝없이 충실한 정수분자(북한이 요구하는 정통 골수의 공산주의자)인 남편이 쉽게 결정할 수 있는 사안이 아니었다. 대화할 때는 조금이나마 수긍하는 듯하다가 마지막에는 항상 반역자가 될 수 없다고, 조국을 배반할 수는 없다는 말로 끝맺었다. 하지만 어떤 선택이든 해야 했다.

드디어 남편이 국경 쪽에 출장을 나가는 기회를 가지게 되었다. 어두운 밤, 밖에는 양력설 추위로 눈을 뜰 수 없는 칼바람이 먼지와 함께 무섭게 몰아친다. 남편의 일행은 먼저 남한에 간 탈북자 오빠에게 도움을 받으려는 북한여성 한 분이었다. 엉거주춤 배웅하러 나선 나에게 남편은 출장 갔다가 전에 내가 중국 쪽에서 채 가져오지 못한 오토바이 2대를 국경경비대와 잘 조율하여 가지고 오겠다고 했다. 아직은 남편 역시 남한으로 가겠다는 마음이 확정된 것은 아니었다. 나 또한 말로는 그 나라가 싫다고 하였지만 정작 '민족 반역자'가 될 수도 있다는 두려움이 있었다.

그 밤, 문 열고 나섰던 남편은 집에서의 마지막 밤이 되었다. 숨도 크게 쉬지 못했던 4일이 지났다. 꼬박 밤을 밝히고 기다렸지만 약속된 날이 지나도 남편은 돌아오지 않았다. 그리고 그날부터 가슴 조이는 순간들이 왔다. 밖에 나갈 수도 없었고 초인종 소리에도 심장이 멎는 것 같았다. 설날을 하루 앞둔 늦은 밤, 장정 3명이 문을 두드렸다. 남편이 보낸 사람들이었다. 차를 가지고 왔으니 지금 당장 따라나서라고 하면서 남편이 직접 쓴 편지를 건네주었다.

'사랑하는 여보! 나는 이미 돌아오지 못할 길을 떠났소. 일이 잘못되었소. 나는 이제 죽어도 당신 곁으로 갈 수가 없게 되었소. 긴 말은 하지 않겠소. 뒤도 돌아보지 말고 이 사람들을 따라오시오. 아이를 데리고 꼭 이 사람들과 함께 와 주오. 기다리겠소.'

급하게 휘갈겨 쓴 남편의 필체였다. 막상 남편이 탈북해 조국을 배반했다고 생각하니 눈물이 비 오듯 흘러내렸고 상황이 뭔가 크게 잘못되었음을 직감했다. 그 사람들에게 말도 큰소리로 못했던 것 같다. 그냥 못 간다고, 갈 수가 없다고 울면서 말했던 것 같다. 한참을 설득하다가 그 사람들도 위험해서 오래 머물 수 없다고 하면서 생각 잘 해보라고 말하며 떠났다. 그날부터 초상집이 되었다. 엄마랑 어떤 말도 할 수가 없었다. 말문이 막혔다. 사람의 눈물이 그렇게 마르지 않는다는 걸 절실히 느꼈던 시절이었다.

일주일이 흘렀다. 마음이 차분해지자 남편이 근무하던 곳의 최고

책임자 집을 찾아갔다. 선물을 거하게 준비하고 남편이 출장길에 몸이 안 좋아서 아프다는 편지를 보냈다고 인사를 드렸다. 남편의 맏형님에게는 편지를 써서 부쳤다. 먼 길을 다녀와야 할 것 같다고 썼던 것 같다. 그리고 아이의 유치원 선생님을 찾았다. 아이를 데리고 평양 쪽에 여행을 다녀와야겠다고 말씀드렸다.


## 2006년 1월 6일

사랑하는 엄마의 생일이다. 내 손으로 마지막이 될지도 모르는 엄마의 생일상을 직접 차렸다. 이미 엄마는 오늘 아이를 데리고 영원히 기약할 수 없는 길을 간다는 것을 알고 계셨다. 뒤도 돌아보지 말고 따라오라는 남편의 편지를 엄마에게 보여 줬다. 마지막 인사를 올리고 아이의 손을 잡고 집 대문을 닫았다. 울타리 짬으로 혹시 다시 못 보지 않을까 하는 생각에 한참을 보았다.

연로하신 울 엄마! 그냥 흙바닥에 털썩 누우셔서 껵껵 소리도 못 내시고 가슴 치며 뒹구시던 그 모습! 엄마의 마지막 모습이었다. 그렇게 사랑하는 부모 형제와 생이별을 하고 자유를 찾아 목숨을 내건 위험한 도박을 시작했다. 나와 아이, 그리고 앞서 먼저 떠난 남편 일행이었던 여자분의 남편과 아이, 이렇게 4명이었다.

# 4。

## 기적을
## 노래하다

심장이 쪼그라들었다. 길가는 사람들이 다 지켜보는 것만 같았다. 아이의 손을 꼭 잡고 데리러 온 사람들이 기다리는 곳으로 가는데 뒤에서 검은 손으로 누군가 확 당길 것 같은 두려움이 온몸을 감싸 안았다. 이제 삶과 죽음의 경계선을 달리고 있었다. 아빠 만나러 가는 줄로 아는 밝게 웃는 아이의 얼굴이 그나마 위안이 되었다.

칠흑같이 어두운 밤이다. 귀 뺨을 때리는 칼바람이 무섭게 몰아치는 1월 9일. 이미 거금의 비용을 국경경비대 초소장에게 지불했지만 길을 인도하는 나이 어린 군인의 손에 100달러를 손에 쥐여주었다. 그걸 어둠 속에서 확인하더니 더 세심하게 보살펴 주었다. 말을 할 수 없었다. 눈동자로 서로를 확인했다. 철길을 넘어섰고 강둑에 올라섰다. 바람은 점점 더 세찼고 멀리서는 으스스한 짐승의 울음소리마저 들렸다. 강폭은 1m도 되지 않았다. 그것마저 얼음이 중간에 있어서 그냥 걸었다. 점점 멀어지는 군인들의 형체를 뒤돌아보았다. 그리고 메고 있는 자동보총(북한 총)의 번뜩이는 철갑도 보였다. 기침 소리도 내면 안 되어 감기에 걸린 아이는 입을 막고 소리를 참느라 모질음(고통을 견디어 내려고 모질게 쓰는 힘의 북한어)을 쓴다.

그러던 중 우리는 무사히 중국 쪽에 닿았다. 마중 나온 중국 쪽 브로커에게 돈뭉치가 몇 개 넘어갔다. 대기하고 있는 두 대의 택시 중 한대에만 올랐다. 어디론가 한참을 달리더니 갑자기 방향을 바꾸어 반대로 달렸다. 갑자기 목소리 톤도 높아지고 더 급하게 달리는 걸 보니 분명 무슨 일이 생긴 것 같았다. 그리고 몇 시간을 달려 도착한 아파트에는 따뜻한 식사가 준비되어 있었다. 아까 갑자기 차 방향을 반대로 바꾼 것은 바로 앞에 경찰들이 신분증 검사를 하고 있었다고 한다. 그래서 앞서던 택시에는 우리를 안 태웠던 것이었다.

15평 정도 되는 아파트에 한 달 정도 체류했다. 밖에는 한 발자국도 나갈 수 없었다. 중국 사촌들을 비롯해 친인척도 있고 거래처 사장들도 있었지만 연락할 수 없었다. 앞으로의 운명이 어떻게 될지도 모르면서 섣불리 연락해서 혹시나 피해가 가면 안 되었다. 위조여권이 다 만들어졌다. 우리는 중국인 여권을 가지고 연길-목단강-북경-곤명을 거쳐 기차를 타고 이동하였다. 지금도 그때 생각을 하면 머리카락이 쭈뼛 설 것만 같다. 곤명에 도착해서 국경을 넘을 때쯤 우리 일행은 6명이 되었다. 그중에 중국어를 조금 하는 여성이 있어서 그나마 편했다.

낯선 땅에서

이제 드디어 중국, 라오스, 미얀마의 3국이 인접한 국경선까지 왔다. 우리는 그곳에서 또 다른 브로커들에게 인계되었다. 브로커들이 하는 얘기는 며칠 전에 10명 정도가 어린아이랑 함께 국경을 넘다가 일이 잘못되었다고, 국경경비를 서는 중국 쪽 군인들에 의하여 체포되어 아마도 북한으로 보내질 것 같다고 한다. 무서웠다. 몇 시간을 말 한마디 없이 걸었다.

아이가 앞에 서고 내가 뒤에 서고…. 그렇게 한 발짝 한 발짝, 삶과 죽음의 기로를 걷고 있었다. 미얀마의 부족들이 사는 마을도 지났다. 눈빛이 섬뜩한 사람들이 보이는 곳에서 하룻밤을 지냈는데, 그곳의 집들은 나뭇잎들로 바람만 가린 정말 원시인들이 사는 곳 같은 부족마을이었다. 그렇게 국경을 넘어서 이틀째쯤 멀리 물소리가 들렸다. 메콩강이다. 우리는 그 강을 떠내려가야 한다.

악어 떼가 범람하는 흑갈색의 메콩강을 작은 배를 타고 가면서 뒤집히지 않은 것도 행운이라 생각한다. 새벽안개가 자욱한 강을 4시간 정도 그냥 물살에 따라 떠내려가다가 강폭이 넓어지고 완만해지는 곳에서 기다리는 큰 배에 다시 올랐다. 그리고 그곳에서 어두워질 때까지 기다렸다. 어둠이 깔린 메콩강 너머 멀리 태국의 금도금을 한 큰 불상이 보였다.

아편 밀수범들을 찾는 환하게 비치는 전조등 불빛을 피해 강 옆에 다다랐다. 이제 배에서 뛰어내리고 엎드려 있으라고 손짓한다. 네 시간 정도가 흘렀을까? 습한 바닥에서 올라오는 비릿한 냄새를

맡으며 젖은 흙에 바짝 배를 대고 기다렸다. 메콩강 모기가 쉴 새 없이 달려들었다. 아이는 사정없이 빨아 대는 모기들로 등이 통통 부어올랐지만 조금도 소리를 내지 못했다. 그런 아이를 감싸 안자 소리 없는 눈물이 가슴으로 흘러내렸다. 살아야겠다! 그렇게 7살 아이와 나는 모진 아픔과 간지러움을 소리 없이 참았다. 부릉거리는 차 소리가 가까운 곳에서 들리고 손전지로 풀숲에 숨은 우리를 찾는 조용한 목소리가 들렸다. 드디어 태국 땅을 밟았다.

방콕의 3월은 무척이나 더웠다. 떠날때부터 겨울옷을 입고 온 우리에게는 숨 막히게 더운 날씨였다. 몇 시간을 달렸다. 그리고 어느 작은 집에서 하룻밤을 자고 또 버스를 타고 달렸다. 그렇게 몇 시간 뒤 방콕에 도착하여 멀리 십자가가 어두운 밤하늘을 비추고 있는 건물에 들어가면 된다고 브로커가 설명한다. 그곳에서 100일가량 떨어져 있었던 남편도 만났다. 그때 남편이 죽어도 다시 못 돌아온 다던 이유도 알게 되었다. 함께 출장길에 데리고 갔던 여성분을 남한에 먼저 온 오빠가 브로커를 이용하여 중국 측에서 빼돌렸던 것이었다. 그래서 남편도 함께 탈북할 수밖에 없었다. 북한에서는 일행으로 데리고 갔던 사람이 행방불명이 되어 훗날 남한으로 간 것이 발각되면, 같이 간 사람의 집안은 죽은 목숨이었다.

우리 가족은 그렇게 살아서 만났다. 난생처음 하나님을 불렀고 십자가 앞에 목 놓아 울었다. 우리를 포기하지 않은 세상에 고마웠고 하늘의 도움에 감사했다. 방콕 한인연합교회에서 2개월가량 우리 가족을 비롯해 100명 정도가 체류했다. 매일 새벽기도에 나가서 하나님에게 가족을 지켜 달라고 기도했다. 눈물 흘리며 찬양했다. 치유를 느꼈고 새로운 세상을 보았다. 살아 있는 매 순간이 기적처럼 다가왔다. 죽었을 수 있는 내가 살아나서, 헤어져 생사를 기약할 수도 없는 가족이 살아서 다시 만난 것도 하늘이 도와준 기적 같은 일이었다.

일주일에 한 번씩 한국대사관으로부터 1인당 소정의 생활비가 지급되었다. 남자들 숙소와 여자들 숙소는 한 건물에 층이 다르게 되어 있고 식사는 함께했다. 하지만 체류하는 동안에도 위험했고 특히 탈북민들을 취재하려 오는 많은 기자에게 인터뷰를 하면 안 되었다. 아직은 노출되면 위험한 장소였다. 그리고 머무르는 사람들 속에는 우리처럼 북한에서 탈북하여 바로 남한으로 이동하는 직행 행렬이 있는가 하면, 중국에서 가족을 맺어 아이를 낳고 이동하는 여성들도 많았다. 또 이미 남한에 먼저 간 친인척들이 있는 사람들도 있었다.

생각해 보면 지금 부담되는 금액의 선물도 딸에게 해 주는 이유는 그 시절 마음아픈 기억 때문이다. 태국에 도착하여 며칠 만에 아이는 너무 적응을 잘했다. 몇 안 되는 또래들과도 항상 잘 어울리고 밝게 지냈다. 하지만 저녁이 되면 자꾸만 칭얼거렸다. 다른 아이들 엄마가 맛있는 간식이나 장난감을 사 주는 모습을 보고 늦은 오후 시간에 혼자 들어와 눈물을 흘리며 졸랐다.

속상하고 마음이 아팠지만 돈이 없었다. 그래서 일단 손목을 잡고 숙소를 나왔다. 4월의 태국은 여름이 한창이었다. 비를 쏟아 부은 하늘이 금방 어두워지고 하나둘 거리의 간판들이 켜지면 퇴근으로 사람들도 바삐 움직이던 사거리에서 아이의 손목을 놓았다. 그러고 나서 빠른 걸음으로 다른 쪽 골목까지 와 멀리서 아이를 지켜보았다.

엄마를 갑자기 잃은 아이는 정신없이 울면서 엄마를 불렀다. 그런 아이를 숨어서 보며 같이 울었다. 그리고는 몰래 다가가 사거리에 주저앉아 눈물범벅이 되어 버린 아이의 손을 다시 잡았다. 엄마를 잃어버린 십 여분의 시간이 아이에게 충격이었을 것이다. 그리고는 약속을 받았다. 다시는 간식과 장난감 이야기를 하지 않기로 하였다. 그날의 기억은 훌쩍 커 버린 딸의 기억에서 사라졌을지 모르지만, 나에게는 지금도 미안함이 사라지지 않는다.

그 시절 방콕 한인연합교회 목사님의 성경 구절이 지금도 머릿속에 쟁쟁하다. 출애굽기에서 이스라엘 사람들이 젖과 꿀이 흐르는 가나안땅으로 가는 기적 같은 일이 현재에도 일어난다고, 그렇게 남한의 자유를 찾아서 가는 당신들은 하나님의 부르심을 받은 존귀한 몸이라고, 당신들은 축복받을 권리가 있다고….

이제 꼭 다시 찾아가서 방콕 한인연합교회 목사님들과 교인들에게 고맙고 감사한 인사를 드리고 싶다. 아직도 제3국에서 위험에 노출되어 있는 많은 탈북민을 하나님의 사랑으로 돌봐 주시고 베풀어 주시는 해외에 게시는 많은 해외교민께도 감사의 인사를 드리고 싶다. 그렇다. 나를 비롯한 우리 탈북민들이 제3국에서 남한으로 오는 기간까지 하늘의 도움이 없으면 어떻게 살 수 있었겠는가? 지금도 내가 살아 숨 쉬는 매 순간이 고맙고 삶과 죽음의 경계를 이겨내고 살아났다는 것은 기적이라고 말하고 싶다. 그곳에서는 2개월가량 체류 후 남한으로 입국하였다.

# 제4장

# 희망이 절망으로,
# 절망이 갈망으로

# 1。

## 남한생활 4년,
## 다시 나락으로

2010년 5월 17일

　남한에서 네 번째로 맞는 생일날이다. 두고 온 고향 땅의 엄마와 형제들이 다시 한 번 나를 기억하는 날이다. 바로 그날 또 다른 희망을 가지게 되었다. 임대매장이 아닌 25평 아파트 단지 내 상가를 내 명의로 분양받은 것이다. 가게 자리로는 너무나 좋았다. 단지 내 코너에 평수도 적당한, 그리고 입주가 다 끝나면 지금보다는 훨씬 용도가 좋은 마트자리를 건설사로부터 분양받았다. 이제 나도 건물주다! 내 가게에서 월세 없이 장사한다!

　억척스럽게 살아왔던 얼어붙은 내 가슴에도 희망이 싹트고 완연한 봄날이 찾아오고 있었다. 이제 정말 살 만했다. 남한사회에서 돈 버는 것은 북한에 비하면 식은 죽 먹기라는 생각이 들었다. 통장에는 상가를 사고도 5천만 원 정도의 여유 자금이 있었다. 그리고 그렇게 기다리던 둘째를 임신했다!

하늘이 파란색이라는 것마저도 감사했다. '세상이 나를 버리지 않았구나'를 매 순간 느끼게 되었다. 사랑을 담아 고객을 맞이했고 넓은 마음으로 배려하면서 아직 입주가 채 되지 않았지만 새로 이사 오시는 입주민들과 소통하며 장사를 열심히 하였다. 특히 노인정에 봉사를 많이 하였다. 요구르트나 음료수를 항상 단지 노인정 어르신들에게 가져다드렸다. 그러면 어르신들이 줄 서서 가게로 찾아오셨다.

며느리에게 무조건 내 가게에 가라고 말씀하셨다는 어르신부터 시작해서 모든 분이 딸처럼 배려해 주셨다. 남산만 한 배를 가지고 장사를 하는 나를 안쓰럽게 사랑해 주셨다. 둘째를 낳는 날에도 일하고 있었다. 예정일이 아직 며칠 남아 있었는데 갑자기 시간 간격으로 배가 아파졌다. 이미 큰애를 낳아 본 경험으로 봤을 때 아픔이 점점 짧으면서 빠르게 오는 걸 보니 산통이다. 얼른 직원들에게 하던 일을 맡기고 병원으로 급하게 와서 몇 시간 만에 둘째를 낳았다.

마트에서 물건을 팔다가 바로 몇 시간 만에 그렇게 아들을 낳았다! 아이 낳느라 고생했다고 등 두드려 줄 친정 부모님도, 떡돌 같은 손주를 기쁘게 안아 볼 시부모님도 곁에 안 계신다. 며칠 입원해 있는 동안 신생아실 앞에서 환하게 웃으시는 할아버지 할머니를 비롯한 가족들이 부러웠다. 너무나 보고 싶은 그분들이 지금 북에 계신다.

산후조리조차도 나에겐 사치다. 집안 정리부터 애 키우는 일 모두 해야 한다. 거기에 식구들의 밥도 맡아야 했다. 그래도 정수기에서 나오는 더운물로 쌀을 씻고 밥을 지어 가게에서 열심히 일하는 직원들의 식사를 보살폈다. 아이와 나는 건강하였다. 모유 수유를 했고 둘째는 무럭무럭 정말 잘 컸다.

어느덧 가게도 제법 자리 잡혔고 겨울이 지나 봄이 되면서부터는 입주가 점점 늘어나 서서히 매출도 오를 거라는 확신을 주었다. 새벽부터 밤늦게까지 가족 같은 직원들과 함께 서로 배려하고 웃으며 하루하루를 행복한 꿈에 젖어 장사하고 있었다. 그러나 세상은 그렇게 호락호락하지 않았다. 자본주의의 냉정함은 피도 눈물도 없었다. 입주 시기가 끝나자 대기업이 단지 내 마트를 독점하게 된

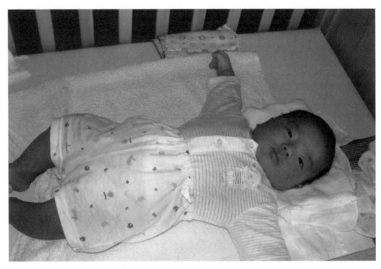

△ 기다리던 둘째 사내아이

것이다.

내가 분양받은 상가 앞에는 유치원 용지로 공터 자리가 있었다. 몇 년째 팔리지 않는 필지였다. 아래쪽 마트 사장과 함께 참석한 상가번영회 모임에서 그 필지에 대기업에서 운영하는 마트가 들어온다는 소식을 들었다. 소식을 듣는 순간 눈앞이 새카매졌다. 대형마트가 바로 앞에 들어온다는 것은 개인마트에게는 치명적인 타격이 될 수밖에 없다. 그냥 문을 닫아야 한다.

다음날부터 아파트 단지 내에는 대형현수막이 나붙었다. 곳곳에 서민 생활 침범하는 대형마트 입점을 반대한다는 현수막들이 수없이 나붙었다. 상가번영회에서는 어떤 일이 있더라도 대형마트 입점은 막아야 한다고 이구동성으로 말하였다. 또 대형마트 본사로 항의시위를 가자고 한다. 마트 업종뿐 아니라 김밥집, 떡집, 빵집 등 서민 가게들이 합세했다. 아직 구체적으로 상황을 이해하지는 못했지만 내가 분양받은 상가는 마트로서 역할은 끝날 것 같은 예감이 엄습했다.

그때 마트는 총 재산이었다. 대출도 많았다. 그동안 집 사고, 상가 사고, 은행대출까지 매월 갚아야 하는 이자가 있었다. 그리고 이제 멈추면 부도다. 은행으로 넘어간다. 숨도 깊이 쉴 수가 없었다. 또다시 밤잠을 잘 수가 없는 날들이 왔다. 좀 살 만하여 둘째까지 낳았는데 한참 더 벌어야 할 때 위기가 찾아왔다. 분위기가 어수선하니 손님들도 뜸해진다. 내 얼굴이 어두우니 직원들 얼굴 역시 어둡다. 그렇게 어두운 가게는 매출도 감소해 갔다.

며칠 뒤, 둘째를 낳은 지 100일이 되었다. 백일기념으로 뭔가를 하고 싶은데 정말 여유가 없었다. 십만 원도 없었다. 돈이 들어오기 바쁘게 거래처에서 미수금으로는 물건을 주지 않으니 외상대금으로 나갔다. 하늘이 아기를 줄 때 먹고살 수 있는 만큼은 가지고 태어나게 한다고 엄마가 말했었다. 그래도 아들을 낳았는데 하늘이 나에게 먹고살 수 있게 해 주지 않는다고 투정할 수도 없었다. 시간은 그렇게 흘러갔다.

푸석하게 부어오른 얼굴로 둘째 백일을 맞았다. 주변 누구도 내 수중에 만 원 한 장도 없다는 것을 알 수 없었다. 얼굴은 웃고 있는데 마음속에는 눈물이 흐르고 있었다. 집안의 귀한 아들의 백일 날인데 많은 사람의 축복 속에 기념하고 싶었지만 할 수 없었다. 경제적으로 안정된 삶이 마음의 여유이고 든든한 배짱이며, 긍정의 힘이라는 것을 또다시 절감하게 되는 순간이었다. 허탈했다.

엄습해 오는 부도위기는 어떤 이유가 있든 탈출구를 찾아야 한다고 나에게 소리쳤다. 어떻게 살아온 삶인데 지금 손을 놓을 수는 없다고 다그치고 있었다. 그러나 할 수 있는 게 아무것도 없었다. 나는 백날 된 젖먹이 아기를 안은 산모였고, 물건값도 지불할 수 없는 마트주인이었으며, 대출이자가 감당 안 되는 상가와 아파트를 가지고 있는 하우스푸어였다.

# 2。

## 무섭게 갈망하면
## 길이 있다

어두운 기차 안에서 엄마랑 손잡고 마주앉았다. 정갈하게 빗어 넘긴 엄마의 머리카락이 볼에 스친다. 어릴 적 엄마에게 파고들던 때 나만이 알고 있는 울 엄마의 향기였다. 엄마가 내 귀에 속삭인다.

"딸아! 엄마는 너를 꼭 안아 보고 싶었단다."
"엄마~."

소스라치게 큰 소리로 불렀나 보다. 눈을 떠 보니 깊은 한밤중이 었다. 새근새근 숨 쉬는 둘째, 배 안의 웃음을 짓는지 입 모양이 실룩거린다. 언제 집에 들어왔는지 남편도 거실 소파에 쓰러지듯 자고 있고 두 명의 직원들도 다리를 펴지 못한 채 잠들어 있다. 큰딸은 책을 읽다가 불을 켜 놓은 채 깊은 잠에 빠져들었다. 꿈에 보았던 엄마의 얼굴이 떠올랐다. 건강하셨다. 그리고 너무 젊으신 모습이셨다. 이 밤! 생사를 알 수 없는 나를 걱정하며 잠 못 드실 엄마가 그리웠다. 그리고 엄마의 심정으로 내가 먹여 살려야 할 식구들의 얼굴을 하나하나 들여다보았다.

내가 손 놓으면 이 사람들이 어떻게 살까? 가만히 내려다보았다. 이들을 위해 뭔가를 해야 했다. 책상에 앉아 편지를 썼다. 한 장은 대형마트가 입점하는 기업에 또 다른 한 장은 부동산을 팔아 줄 수 있는 분에게.

## ○○○마트에게

안녕하세요? 담당자님!

새해 건강하시고 하시는 모든 일 잘되시길 기원합니다.

글로나마 담당자님께 저의 심정을 피력하게 되어 다행이라 생각하며 꼭 해결되기를 간절히 바랍니다.

저는 4년 전 7살 딸을 데리고 남편과 함께 북한을 탈출하여 한국에 정착한 북한이탈 주민입니다. 목숨을 걸고 '죽어도 좋고 살면 대한민국에서' 정말 다음 세대에는 제대로 된 인간의 삶을 누릴 수 있을 거로 생각하며 생명을 담보로 하는 위험한 모험을 하게 되었는데 운 좋게 오늘은 서울시 진관동 은평뉴타운에서 마트를 운영하며 가족이 함께 살아가고 있습니다.

지난해 5월 오픈하여 그동안 한국에서 안 쓰고 안 먹고 열심히 모은 적금과 은행대출, 사금융대출, 지인들에게서 빌려 워낙에 보증금과 바닥권리가 비싼 뉴타운에 무리한 대출 이자였지만 앞으로 좋아질 거로 생각하며 오늘까지 왔습니다. 입주가 덜 되어 장사가 안 되었지만 나름대로 제 가게라는 행복으로 위안하며 열심히 노력하였고 유난히 추운 올겨울에도 웃으며 견뎠습니다. 오픈해서 단 하루도 쉬지 않고 가족과 함께 최선을 다했고 그 와중에 지금 4개월째 되는 둘째도 얻게 되었습니다.

그런데 가게 바로 앞에 ○○유통에서 운영하는 ○○○마트가 오픈준비를 하고 있습니다. 청천 벽력 같은 심정이지만 남들처럼 삶을 비관하거나 어렵게 찾아온 한국에서 생명을 쉽게 분신하고 싶지는 않습니다. 단지 제가 바라는 것은 어차피 ○○○마트는 오픈할 것이고 저희를 조금만 도와

주신다면 업종전환이라도 하여 또다시 열심히 노력해 볼 심정입니다. 하여 저는 투자된 시설비는 건지지 못해도 현재 팔고 있는 물건들이라도 ○○유통에서 처리하여 주시면 제가 그 돈으로 시설을 바꿔 다른 업종을 해보려고 결심하였습니다. 다른 상가주인들처럼 찾아다니며 ○○○마트가 오픈하지 못하게 해 달라고 하고 싶은 생각은 없습니다. 이미 대기업인 ○○유통에서 법 조항에 따라서 진행하는 순리라고 생각되며, 빨리 현실감을 찾아서 애들 앞에 당당한 부모가 되고 싶은 마음뿐입니다.

감히 말씀드리건대 글로 표현하지 못하는 제 심정을 충분히 인지하셔서 담당자분께서 윗분들에게 꼭 상정시켜 주시길 간절히 바라며 또 기업대표 이사님께서도 제가 새로운 도전을 할 수 있게 해 주시기를 간절히 기대합니다. 엊그제 대통령님께서도 동대문 시장상인들을 찾으셔서 장사해 본 사람이 장사하는 사람들의 심정을 아신다고 말씀하시는 것을 보구 희망을 찾게 되었고, 저두 대통령님을 찾아가고 싶은 심정이었습니다.

꼭 ○○유통 고객센터 단계에서 해결되기를 간절히 바랍니다. 오늘 설날이지만 저희 집안은 북한에 두고 온 부모님들께 죄송한 마음과 또 암울한 앞날 때문에 정말 한국에서 최악의 설 연휴입니다.

긴 글 읽어 주셔서 감사하고 담당자님은 희망찬 새해가 되시길 바랍니다.


서울시 은평뉴타운 신도할인마트
김수진 올립니다.

## "안시우의 부동산을 부탁해" 블로그 운영자님에게

안녕하세요?

오랜 웹서핑 끝에 찾은 블로그를 정독하였고 지금 이 글을 씁니다. 저는 북한에서 태어나서 살다가 남한에 온 지 4년 된 김수진입니다. 4년 동안 열심히 정착하여 아파트와 상가를 무리한 대출을 안고 샀습니다. 몇 개월 전까지는 나에게 오늘 같은 날이 있게 되리라고 생각하지 못했습니다. 자본주의 경제교육이 전혀 없는 상황에서 저지른 일들이라 수습하기가 너무 어렵습니다. 지금 제가 아파트와 상가를 처분하지 않으면 젖먹이 둘째를 비롯하여 우리 가족들과 마트를 운영하는 저의 식구 같은 직원들도 살길이 막막합니다. 남한으로 희망을 안고 찾아와서 몇 년 동안 밤잠을 안 자고 먹고 싶은 것도 안 먹었고 쓰고 싶은 것도 안 쓰며 모은 피 같은 돈이 다 날아갑니다.

저를 도와주십시오! 가격은 얼마를 받든지 상관하지 않겠습니다. 처분할 수만 있다면 팔아서 은행대출을 갚고 일부라도 자금이 융통되면 다시 시작하면 됩니다. 죽음도 두렵지 않았던 제가 지금의 난관 앞에 좌절할 수는 없습니다. 34평 아파트와 25평 단지 내 상가는 제가 건설사로부터 분양받은 거라 가격은 괜찮습니다. 많은 일이 산재되어 있으시겠지만, 저의 이 글을 보시고 꼭 저에게 전화해 주시기를 한 줄기 빛처럼 기대합니다.

꼭 전화 주십시오! 귀한 시간 감사합니다.

희망이 없는 하루 한 시간이 천금같이 더디지만 살아야겠다는 의지가 있는 사람에게는 그 기다림이 회상이기도 하다. 돌이켜보면 나는 빈손이었다. 빈손에서 시작했지만, 지금은 잃지 않으려고 몸부림친다. 마음을 비우고 기다리면서 어떻게 하면 이 순간을 극복할 수 있을지를 생각해 보기로 했다.

메일을 보낸 지 하루 만에 블로그 운영자님에게서 전화가 왔다. 지금 출발할 텐데 문자로 주소를 찍어 달라고 하신다. 얼마 후 도착하신 안시우 님은 젊고 당당하신 부동산 전문가셨다. 도착하자 마자 분양가격과 현재 조건을 구체적으로 알아보시고 아파트와 상가의 사진을 찍으셨다. 사실 부동산 관련해서는 좀 유명하신 분이라 하루에 메일을 백통 넘게 받으시는데 다 보지 못하신단다. 그런데 제목에 "북한에서 왔다"는 그 한마디, 북한이라는 글을 보고 클릭을 하셨단다. 이것을 보고 많은 탈북민도 나처럼 북한에서 온 것을 당당하게 생각하면 좋겠다. 내가 남한에서 태어나 그런 글을 보냈다면 이렇게 한달음에 달려오실 수 있었을까? 그분의 할아버님이 실향민이셨고 또한 남북통일은 언젠가 크게 다가올 기회라고 생각하셨다고 한다. 더욱이 이 기회에 북한사람과 친구하면 훗날 통일이 되어 북한에서 사업할 수 있을 때 기회가 될 거라 여겨졌단다. 너무나 고맙고 힘 되는 말씀이셨다. 그리고 만나서 한 시간도 안 되는 시점부터는 완전한 확신을 하게 되었다.

희망은 있었다. 상가는 건물주에서 임대인으로 조건을 바꾸면서 매도를 하였다. 무려 분양가보다 1억이 더 붙었고 양도세를 5천만 원 내고도 5천만 원이 남게 정리하는 데는 14일이 걸렸다. 아파트는 전세를 주었고 대출금을 전세 세입자와 상의하여 일부를 남겨놓고도 손에 8천만 원이 남았다. 대형마트에 보냈던 편지의 답으로 기획실 차장이 찾아왔다. 그분 역시 어린 자식을 키우시는 입장이라 동감이 되었고 수많은 편지를 받았지만 나는 꼭 도와주어야 하겠다는 생각이 들어 상부에 건의를 해 실태조사를 나오신 것이다.

세상은 참 살 만하다. 평범하지만 이렇게 북한에서 왔다는 이유 하나만으로 따뜻한 사랑의 손길이 전해진다는 것을 진심으로 느꼈다. 그리고 남한에서 태어나 살고 계시는 모든 분에게 고마움을 느꼈다. 아이를 업고 가게에서 일하는 내 손을 꼭 잡아 주시며 최대한 도움 되는 조처를 하시겠다는 대형마트 차장님 말씀에 그냥 눈물이 흘렀다. '무섭게 갈망하면 길이 있다. 희망의 끈을 그래서 놓으면 안 된다.'

대형마트에서는 가게에 남아 있는 껌 한 개까지도 소비자가격으로 구매해 주셨고 위로금으로 천만 원을 보태 주셨다. 거기에 거래처 미수금을 처리하고도 좀 남았다. 그리고 임대 계약 기간 1년이 만료되자 편의점으로 업종 전환되었다. 대형마트가 입점한다고 해도 편의점은 24시간 운영되니 코너에 있는 브랜드 편의점은 괜찮았다. 위기가 기회로 전환되는 데는 2개월 남짓이 걸렸다. 또다시 우리는 새로운 꿈을 꾸게 되었다. 서울시 주변 외곽으로 월셋집이지만 번듯한 아파트로 이사했고 사업자금으로 1억 정도가 통장에 있었다. 다시 시작하면 된다.

# 3.

## 다시금
## 실패와 좌절

나에겐 이미 훌륭한 경험이 있다. 여러 개의 마트를 오픈하면서 노하우가 있다. 돈을 버는 길을 안다. 그래서 또다시 나만의 방법으로 시장조사를 면밀히 하였다. 이제 다시는 잃을 수 없는 소중한 종잣돈이었다. 그런데 서울시 외곽의 초등학교에 다니는 딸애의 적응이 심상치 않았다. 지금까지 수없이 이사 다녀도 학교에 가기 싫다는 말을 하지 않던 아이였다. 어깨가 축 처져서 집에 들어와 기운 없이 움직이는 아이를 보니, 기존 살던 곳의 학교친구들 때문에 새로운 친구를 사귀지 못하는 것이었다.

그때 외곽일수록 기존 아이들의 끈끈함이 더 강하여 새로 전학 온 아이가 적응하기가 어렵다는 것을 알게 되었다. 공부에 취미를 가지고 열심히 하던 아이가 책을 보지 않고 TV만 보면서 시간을 보내고 있었다. 여러 가지로 아이의 마음을 바꿀 수 있는 시도를 해

보았다. 아이가 사랑스러워하는 강아지도 분양받아 왔다. 핸드폰을 새로 바꿔도 보았다. 옷도 여러 벌 사 주면서 뭐를 더 사 주면 좋을지 물어봐도 대답이 없다. 학교를 옮기는 것밖에는 해답이 없었다.

돈보다 더 중요한 것은 자식의 앞날이라고 부모님은 항상 말씀하셨다. 그래서 6개월 만에 과감히 이사를 결정했다. 이 기회에 차라리 좋은 학군으로 이사하고 싶었다. 아이의 손을 잡고 몇 개의 학교를 둘러보았다. 그리고 아이가 다니고 싶다는 학교 주변 부동산을 찾아 들어갔다. 역시 좋은 학군 주변 아파트는 감당이 안 되는 수준이었다. 그러던 중 조금 인테리어가 안 좋은 집이 나와 있었다. 그러나 나에겐 너무 훌륭하고 좋은 집이었다. 그날 계약하였다.

아이의 학교를 목동으로 결정하다 보니 새로 문을 열 게 위치는 서울 양천구, 강서구가 되었다. 동시에 2곳을 오픈하였다. 간판은 원마트라는 상호로 동일하게 하고 신월점, 강서구청점으로 하였다. 직원들은 다 탈북민이라 남북하나재단의 도움을 많이 받을 수 있었다. 경영, 인사, 노무 등 사업을 운영하는 데 꼭 필요한 컨설팅을 많이 받았다. 전담으로 팀이 구성되었고 1:1로 사업을 하면서 놓치지 말아야 할 도움 되는 교육을 받았다. 개인 구멍가게에서 기업으로 성장할 수 있는 발판이 마련되었다. 서서히 나 하나 잘살겠다는 극단적인 개인주의에서 주변을 돌아보고 배려하는 넓은 마음이 자리하게 되었다.

6개월부터 어린이집을 다니는 둘째는 병원에 입원하는 날이 잦아졌다. 감기부터 홍역, 수두, 수족구, 폐렴 등 이틀이 멀다 하게 병

△ 초창기 열었던 원마트

원 신세를 졌다. 가게에 있으면서 관리할 때는 매출이 괜찮은 것 같은데 병원 일로 자주 비우면서 한참을 적자에서 벗어나지 못했다. 그렇게 서서히 손님들 발길이 뜸해지면 다시 정상으로 돌리기가 너무 어려웠다. 대로변에 있는 신월점은 손님을 기억해서 단골로 만들 수 있는 환경보다는 지나다니는 손님들이 급하게 들어와서 물건을 사가는 상권이었다.

상권이 이러하다 보니 물건 판매보다는 로또, 스포츠 토토, 교통카드 충전, 게임 및 국제전화카드 등 다양한 구색을 갖추어야 했고, 북한에서 온 탈북민 직원들은 아무리 교육해도 실수투성이었다. 길건너 학교 하교 시간에는 난리였다. 파는지 마는지 정신 차릴 수 없었고 실수와 물건 분실도 많았다. 월 마감 정산을 하면 운영비보다 못 버는 달이 계속되었다.

6개월 정도의 시간이 흐르니 강서점 매출을 신월점으로 커버하고 있었다. 한 곳은 매출이 나오는데 한 곳은 적자 신세를 면치 못했다. 차라리 문을 닫는 것이 낫겠다는 생각이 들었다. 그러나 임대기간이 아직 많이 남아 있어서 쉽게 정리할 수 있는 상황도 아니었다. 그렇게 3개월 정도 더 지나게 되었다. 이제는 강서점 매출까지 출렁거린다. 이렇게 한두 달 버티기가 어렵겠다는 생각이 드는 순간, 절망감이 찾아왔다. 그때는 정리할 자산이라도 있었지만, 이제는 아무것도 없다. 자본주의의 냉정함을 다시 알아가는 것이 싫었지만 엄연한 현실이었고 그것을 너무나 잘 알고 있기에 이번의 위기는 너무 무서웠다.

손을 쓸 수 있는 타이밍을 놓치면 안 된다. 지금이라도 정리될 수 있는 강서점을 먼저 ○○편의점 가맹점으로 정리하였다. 다행히 본사로부터 영업권리금을 6천만 원 정도를 받고 정리를 하였다. 매출이 나오지 않는 신월점은 ○○편의점으로 전환하였다. 직원 두 명을 본사교육부터 체계적으로 배우게 하였다. 하지만 거기까지였다. 편의점으로 업종 전환 자체가 잘못된 판단이었다. 24시 상권이 아닌 곳에 대기업의 업무 메뉴얼대로 한다고 하니 인건비가 훨씬 높았다. 매월 임대료와 관리비를 내고, 인건비까지 주고 나면 더 큰 적자였다.

야간직원을 구하기는 하늘의 별 따기였다. 밤에 일해 줄 아르바이트생이 말없이 안 나오는 날에는 남편이 가게에 서 있었다. 밤새

한 명도 안 들어오는 가게의 전기세마저도 아까웠다. 영업사원에게 안타깝게 하소연하였다. 이건 아니잖아요. 분명히 ○○편의점으로 업종전환하면 매월 일정 금액의 지원과 더불어 매출이 얼마가 신장된다고 하지 않았나?

나는 알고 있다. 아무리 하소연하고 몸부림쳐도 대기업에서는 눈썹 하나 까닥하지 않는다는 것을, 그리고 5년의 영업 계약 해약으로 위약금이 5천만 원이라는 서류가 날아왔다. 어떤 대가를 치르더라도 문을 닫아야 했다. 간판을 내리기로 하였다. 그래서 밤 11시 이후에는 문을 닫았다. 하지만 인건비를 줄인다고 달라질 상황이 아니었다.

건강이 조금 이상한 것 같다. 전기세도 아까워 추워서 쪼그리고 앉아 있는데 자꾸만 숨이 찼다. 며칠 전부터 약간씩 머리도 지끈거리는 게 감기에 든 것 같았다. 오후 시간만 되면 오슬오슬 춥고 미열이 나기 시작하면서 저녁엔 밥맛도 없어서 그냥 잠들기를 며칠째…. 아무래도 병원을 가보기로 하였다. 가까운 동네의원을 찾아갔다. 현재 증상을 말씀드리고 간단한 진찰을 하더니 조금 후에 소견서를 써 주신다. 밖에 간호사들도 얼른 큰 병원을 가보라고 한다.

덜컥 겁이 났다. 의사의 얼굴에서 병명이 좀 심상치 않음을 느꼈다. 왠지 큰 병원에 가면 시간이 좀 걸릴 것 같았다. 아직은 어린 둘째가 걱정되어 남편에게 맡기고 혼자서 택시를 타고 병원에 갔다. 조금 기다리다가 검사를 받고 바로 입원 수속을 했다. 엑스레이 검사에서 폐 한쪽에 물이 가득 찼다고 한다. 결핵성 흉막염이었다. 천

자를 하고 물을 빼는데 이틀 동안 3 *l* 가 넘는 누런색의 액체가 흘러나왔다.

그렇게 남한에 온 지 5년 만에 수천만 원의 빚과 건강까지 잃게 되었다. 건강하다고 자신하고 그동안 소홀했던 나였다. 스스로 운명에 화가 났다. 차라리 죽는 게 낫겠다는 생각이 들었지만 쉽게 죽을 수도 없는 몸이다. 아무도 없는 남한 땅에 나 때문에 오게 된 남편과 아이들을 어떻게 하고 죽을 수 있겠는가….

화가 나도 살아야 하고 죽고 싶어도 살아야 했다. 한 줌이나 되는 약을 먹었다. 그동안 며칠째 병원에서 나오는 약을 안 먹고 휴지통에 버렸던 내가 한심해 보였다. 그리고 그렇게 철저히 빈손이 되고 큰 빚을 진 다음에야 깨달음이 왔다. 건강해서 벌 수 있는 돈은 안전한 돈이 아니구나. 이렇게 '아파서 누워 있어도 들어오는 돈이 안정적인 돈이구나'를 알게 되었다. 지금까지 세상 무서운 것이 없이, 다 아는 듯 큰소리치던 경험이 완벽하지 않음을 절실히 깨닫게 되었다.

# 4。

## 창고에서 시작된
## 온라인 사업

병원 침대에 누워서 컴퓨터를 켰다. 생각나는 대로 키워드를 적고 무작정 검색을 하였다. 하나원 3개월 동안 배운 컴퓨터 지식으로 요즘의 트랜드를 나만의 기준으로 분석하기 시작하였다. 무섭게 파헤쳤다. 포기하지 않으면 뭐라도 연결이 될 것 같았다. 참 다행스럽게도 물리학 박사이셨던 아버지의 머리를 닮았나 보다.

책을 펼치고 독학으로 홈페이지를 구축하였다. 잘 모르지만 나름대로 html소스를 분석하여 메인페이지와 서브페이지를 디자인하였다. 포토샵을 주먹구구식으로 연습하였다. 내가 디자인한 것을 보며 그렇게 기쁠 수가 없었다. 밤에 잠드는 시간마저도 아까웠다. 수없이 하다가 실수로 먹통이 되면 저장해 놓았던 백업파일을 불러서 처음부터 다시 시작하였다. 그러기를 수백 번, 드디어 내가 보기에도 괜찮은 그럴듯한 홈페이지가 만들어졌다. 그리고 내가 잘할수 있는 식품유통을 선택했다. 대량구매 물건으로 '커피 4박스를 100명이 구매하면 50%' 등 이벤트와 함께 여러 종류의 상품을 올렸다. 또 이 사이트를 네이버와 다음에 등록하였다. 그때 한창 유행하던 여럿이 모여 함께 구매하면 가격이 내려가는 소셜 커머스 사이트였다. 온라인 사업에 대한 책도 많이 사다가 읽었다. 6개월은 아무런 수익이 없을 수도 있으며 마트나 편의점 같은 유통사업과 많이 다르다는 문구도 보았다.

사이트 등록 후 1개월이 흘렀다. 하루 사이트 방문자가 한 명도 없을 때도 있었다. 그래! 이 사업은 아이템이 잘못된 거야. 다른 온라인 사업아이템을 선정했다. 이번에는 북한상품 경매사이트였다. 북한에 대한 정보와 상품을 등록하고 필요한 사람들에게 연결해주면 수수료가 나오는 구조였다. 최선을 다해 만들었고 경매솔루션도 거금을 주고 구매를 하였다. 그리고 용산 매장에서 카메라도 구매하였다. 사진을 직접 찍어서 올리며 운영하였지만 또다시 1개월 이상을 견디지 못하고 사이트를 접었다. 이번에는 사이트 유입률은 괜찮았으나 북한의 천안함 도발로 북한 상품 판매가 정부 조치로 금지되었다.

아무리 노력해도 변화 없는 날들이 흘렀다. 편의점 매출은 여전하고 수익률은 날로 안 좋아져 갔다. 창고에 앉아 물건 발주를 하고는 다시 온라인 세계에 빠져들었다. 무엇을 해야 하는가? 그래도 컴퓨터 앞에 앉아 있으면 시간 가는 줄 몰랐다. 알고 싶은 것들을 검색하면서 열심히 무언가를 찾느라 하루가 어떻게 가는지 몰랐다.

내가 천성적으로 컴퓨터를 좋아한다는 것을 그때 알게 되었다.

그렇게 컴퓨터에 몰두하다 보니 마음이 안정되어 갔다. 그래서 내가 아는 정보를 올려 보기로 했다. 그리고 새터민 서로가 필요한 정보를 공유하는 사이트로 만들고자 하였다. 결심이 서자 핸드폰에 저장되어 있는 주변 사람들에게 사이트 주소를 보냈다. 함께 정보를 공유하자고 했던 것 같다. 그렇게 만들어진 '두드림 새터민커뮤니티'가 왜 만들어졌는지에 대하여 사이트에 상세히 올려놓았다.

△ '두드림 새터민커뮤니티'는 현재 '북한마을회관(http://www.nkdodream.com)'으로 이름이 바뀌었다.

내 고향은 북한입니다.

그곳은 내가 선택해서 태어난 곳이 아닙니다.

어머님께서 나를 낳아 주셨고 조상의 무덤이 있으며 사랑하는 부모님, 형제, 자매가 있는 사무치게 그리운 곳입니다. 피할 수 없는 운명의 곡절로 인해 사랑하는 그 땅을 떠날 수밖에 없었던 이들이 바로 우리 새터민들입니다. 죽음을 각오하고 찾아온 한국은 우리에게 너무 차가웠습니다. 한 민족이라고 생각하고 찾아온 제2의 고향은 우리에겐 타국이었고 우리를 외국인 근로자, 이방인으로 생각한다는 마음을 떨치지 못했습니다. 너무 한국생활이 외롭고 슬펐습니다. 그러나 우리는 이겨 내야 했습니다. 그냥 주저앉아서 정부에서 주는 지원금으로 살아가기에는 해야 할 일들이 많았습니다. 고향에 돈도 보내고 예쁜 애들도 잘 키우고 또 누구보다 잘살아야 했습니다. 우리 옆집에 살던 금희네…. 동창생 옥희, 순옥이…, 오빠 친구들 등 우리를 반역자, 도망병이라 부르는 북에 계신 모든 분에게 소신을 밝혀야 하는 우리입니다. 언젠가 고향에 가는 날이 오면 떠날 수밖에 없었던 그날의 이야기를 하면서도 먼저 시작한 자유민주주의의 참 진가를 우리는 보여 줘야 했습니다.

그것이 무엇이겠습니까? 열심히 최선을 다해 간절히 노력해서 돈 많이 벌고, 모으고 아껴서 잘사는 것이었습니다. 정말 남들이 잠들 때 열심히 일했고, 남들이 놀러 갈 때도 열심히 일했고, 남들이 좋은 외식을 할 때도 열심히 일했습니다. 오늘까지 오고 보니 정말 열심히 일하는 것도 좋지만, 그보다도 중요한 것은 정보화시대에 내가 있는 주류사회와의 소통과 나눔, 커뮤니케이션이 훨씬 더 중요하다는 것을 알게 됐습니다. 한국사회는 더불어 살아가는, 아직은 너무나 좋은 사람들이 많은, 그래서 아름다운 사회라고 생각합니다. 오늘날에 와서 이렇게 뒤돌아보니 혼자서는 아직도 헤쳐가지 못할 길을 여기 계신 많은 분의 도움 속에 고속성장의 길을 걸어온 것같습니다. 이젠 나에게도 새로운 바람이 생겼습니다.

새터민과 한국사회의 SNS가 되자!

바로 이것이 두드림 커뮤니티가 바라는 단 한 가지입니다. 북한 민주화나, 북한 인권문제, 남북통일문제는 관련 기관이나 단체들이 너무 많고, 또잘해 나가고 계시니까 우리가 하려고 하는 일은 나눔과 소통, 기부와 사회공헌입니다. 사업하면서 어려울 때 받았던 도움이 새터민 창업주들에게 너무나 절실한 문제고 유명한 학원가에서 스타영어강사로 계시는 분의 자녀들은 아무것도 아니지만, 학생을 키우는 학부모에겐 너무나 절실한 문제고, 슈퍼마켓을 하면서 우유나 빵, 야채와 과일은 싫토록 먹어야 하는 사람에겐 대수롭지 않지만, 오늘도 빈방에서 외롭게 계시는 독거노인 분들에겐 절실한 문제고, 식당을 운영하면서 쉽게 남은 음식을 버리는 사람이 있는가 하면 추운 겨울 길거리에서 다니는 배고픈 노숙인들이 있고. 바로 두드림커뮤니티가 바라는 것은 이런 나눔과 소통입니다. 정보가 있는 사람은 정보로, 사업장이 있는 사람은 구직활동으로, 자금 여력이 되는 사람은 대출로, 전문가는 전문지식으로, 나라 일꾼들은 좋은 정책으로 새터민들을 위해 노력하자는 것이며 두드림센터는 그것을 홍보하고 계발하고 연결하는 장으로 거듭날 것입니다. 앞으로 두드림커뮤니티의 무궁한 발전을 위하여 회원님들의 적극적인 참여를 부탁드립니다.(2012.1.)

한 달이 흘렀다. 기회는 우연히 찾아왔다. 신내동에 거주하고 있는 새터민 여성을 우연한 기회에 만나서 나눴던 대화를 자유게시판에 올렸다. 그리고 이 여성분이 결혼할 상대 남성을 찾는다는 이야기도 첨부했다. 웬걸…. 클릭 수만큼 메일이 왔고 댓글이 달렸다. 일일이 정성을 다해 답장을 써 보냈다. 다음 날도 다 다음 날도 계속되었다. 어떤 날은 메일을 100통 가까이 쓰는 날도 있었다. 답장에는 자기소개와 확인할 수 있는 서류까지 첨부한 남성들도 있었다.

그때만 하여도 북한 여성이 지금처럼 미디어에 노출되지 않았을 때였다. 국제결혼을 선택한 남성들의 피해가 많았고 여러 가지 이유로 인해 결혼 시기를 놓친 남성들도 많았다. 이참에 북한 여성 결혼시장을 파헤쳐 보았다. 인터넷 즐겨찾기에는 15개가 넘는 현재 영업을 하는 사이트들이 링크되어 있었다. 매일 하루에 한 번씩 들어가 보았다. 아무것도 달라지지 않고 있었다.

열흘 정도 후, 나는 회원제 북한 여성 결혼사이트를 디자인하고 있었다. 이미 북한 여성 결혼사이트를 운영하는 사업자들의 특성을 분석해 보았고 나만의 특별함으로 승부를 걸고 싶었다. 사이트 접속했을 때 머무는 시간을 길게 하는 방법이 연구되었고 매일 신선하고 새로움을 주기 위해 노력했다. 북한 여성이 왜 남한에 오게 되었는지를 비롯하여 알고 있는 모든 정보를 올렸다. 편의점 창고와 퇴근 후 집에서도 컴퓨터 앞에서 떠나지 않았다. 회원가입을 하는 회원 한 명, 한 명에게 메일을 정성스레 써 보냈다. 수많은 사이트 중에 내 사이트를 찾아 주신 고마움도 함께 담았다.

사이트 등록 후 1달 뒤, 온라인 매출이 1000만 원이 되었다. 이제 혼자서는 감당이 안 되는 수준으로 성장했다. 그리고 온라인매출 1000만 원의 수익률은 마트 매출 1000만 원의 수익률과 너무 달랐다. 새로운 세계를 본 것이다. 남편에게 편의점을 완전히 정리할 수 있게 맡기고 오피스텔을 임대했다. 카운터에서 물건을 팔던 직원을 데리고 〈엔케이결혼〉을 정식 오픈하였다.

오픈 6개월 뒤, 직원 3명이 더 불어났고 매출은 3000만 원이 넘었다. 아침부터 저녁까지 상담 스케줄이 꽉 차 하루에도 수많은 사람을 만나고 있었다. 온라인사업의 위력은 실로 대단한 것이었다. 네이버에서 비즈니스사업자에게 무료로 강의해 주는 광고강의를 들었고 블로그와 카카오스토리 등 SNS를 활용하여 계속 알렸다. 탄력이 붙으려고 하니 채널A 방송국에서 방영되는 《이제 만나러 갑니다》 코너가 탈북여성들을 내세워 시청률이 높아지기 시작했다. 드디어 《이제 만나러 갑니다》 46회 성공스토리 편에 방송요청을 받았다. 추운 겨울 어두운 방 안에서 울던 아이의 손을 꼭 잡고 엄마가 성공해서 TV에 나가는 날이 올 거라는 약속을 지키는 날이 드디어 온 것이다.

TV에 엄마가 나온다고 좋아하는 딸아이와 남편이 방송을 지켜보았다. 그리고 당시 〈엔케이결혼〉 매출은 5배나 신장이 되었다. 강연요청이 쇄도했고 TV출연 횟수도 잦아졌다. 준비되지 않았는데 이미 크나큰 기회의 홍수 속에 있었다. 희망의 끈을 놓지 않고 실마리를 연결해 왔던 덕에 위기가 기회로, 기회가 또 다른 희망으로 전개

되고 있음을 느끼게 되었다. 창고에서 시작된 온라인 사업은 이렇게 2년 만에 월매출 1억 원을 넘겼다.

나를 믿고 바라보는 직원이 8명이나 생겼고 〈엔케이결혼〉에 등록한 정회원도 몇백 명이 되었다. 사이트에 일반회원으로 등록한 수도 1만 명을 넘었다. 창고에서 시작한 온라인 사업은 이렇게 나에게 또다른 성공의 발판이 되어 갔다.

△ 2012년 방영된 '이제 만나러 갑니다'의 김수진 성공스토리

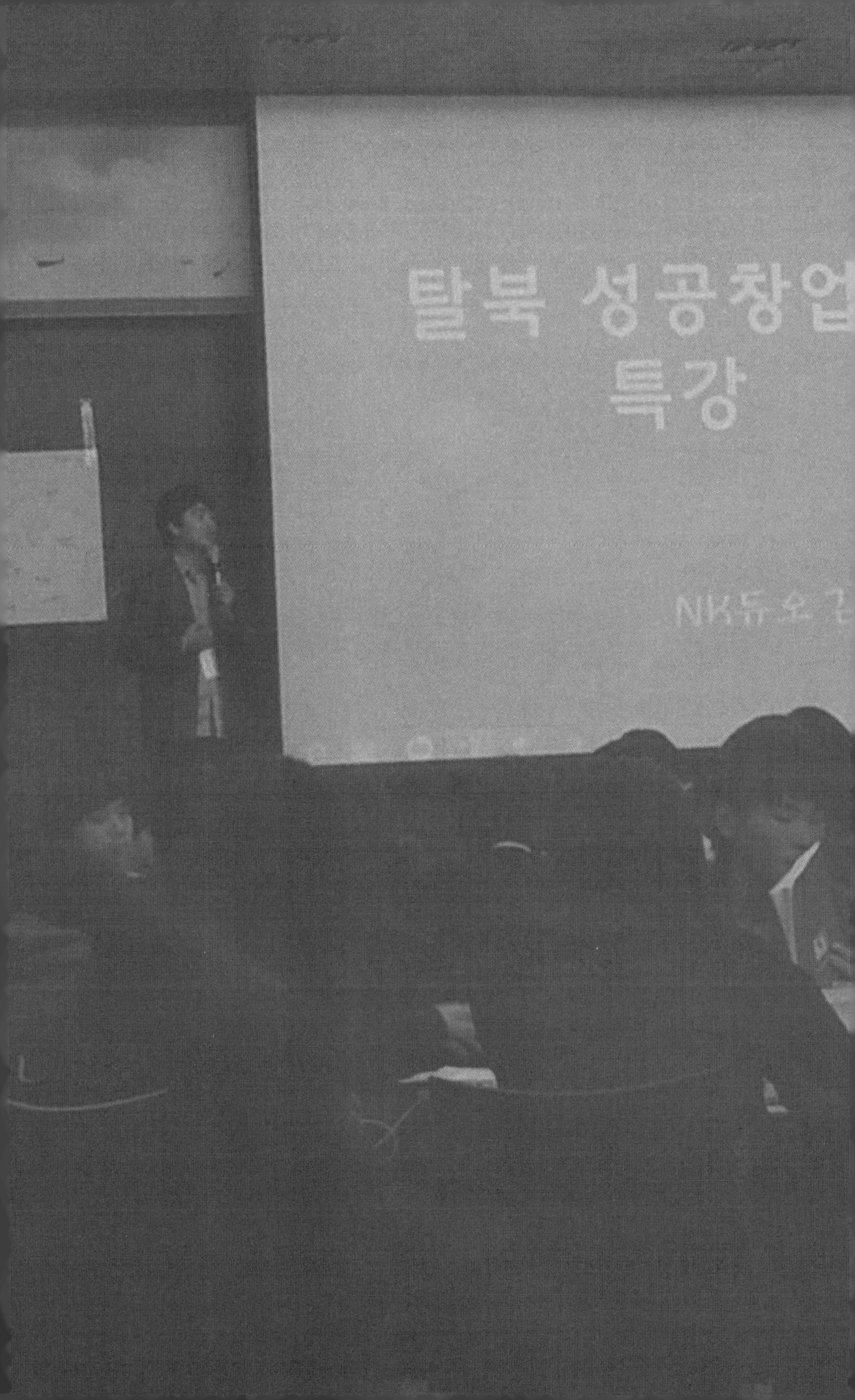
탈북 성공창업
특강

# 제5장

# 김수진의 돈을 부르는 방법

# 1。

## 딱 3년만
## 북한이라고 생각하라

이른 아침, 어둠 속에 더듬거리며 시계를 찾아보니 새벽 5시가 좀 넘었다. 밤새 추위에 견디느라 이불을 쓰고 잠들었더니 육신이 다 쪼그라드는 것 같다. 식구들이 나란히 누워 있다. 곤하게 잠든 이들이 인기척 소리에 깰까 봐 발뒤꿈치를 들고 부엌 미닫이문을 조심히 열고 정지칸으로 내려왔다. 전등을 켜려고 똑딱이 스위치를 올렸지만 불이 안 들어온다. 어제 늦은 밤에 잠깐 전기가 들어온 것 같더니 역시 정전이다. 불을 지펴야겠다. 널마루를 들고 아궁이로 내려갔다.

석탄불을 피우면 그나마 좋겠지만 이미 석탄을 살 돈으로 식량을 사와 나뭇가지 몇 개로 아침을 마련해야 한다. 봇나무 껍질은 불쏘시개감으로는 좋다. 잘 말려서 돌돌 말린 자그마한 껍질에 성냥을 그어 파란 불길이 올라오는 성냥개비를 가져다 댔다. 기분 좋게 타 올라온다. 지푸라기들을 한 줌 올려놓고 마른나무 몇 가치를 올려놓았다.

△ 북한 정지반

△ 북한 가정집 부엌

어제저녁에도 나뭇불을 피워 재는 별로 없다. 그래서 재를 파내면 안 된다. 나무 재들이 좀 많이 쌓일수록 올라오는 불길이 쇠가마에 더 닿을 수 있어서 재마저도 아깝다. 며칠 전 묵은 빨래를 할 때 나무 재를 걸러서 나온 물을 썼더니 말끔하다. 아이의 바지는 너무 빳빳해서 살에 닿으면 아프기도 하겠다.

물동이에 받아 놓은 물은 밤 추위에 살얼음이 졌다. 쇠가마가 좀 달아올라서 쉭 소리가 나자 바가지에 물을 조금 담아 안을 깨끗하게 부셨다. 물은 오전 8시쯤 두 시간만 나온다. 매일 정해져 있는 시간을 놓치면 안 된다. 그릇이라고 생긴 모든 것들에 받아 두어야 한다. 혹시 수원지에 무슨 문제가 생기면 열흘이나 물이 한 방울도 안 나올 때도 있다. 아침쌀을 퍼오는데 쌀독에서 달그랑거리는 소리가 들린다. 저녁부터는 뭔가 대책이 없으면 끼니를 때울 식량이 걱정이다.

물론 아침밥도 적지만 그나마 조금이라도 밥을 지을 수 있어서 다행이다. 아궁이 불을 밥가마 쪽으로 돌려놓아야겠다. 옆가마 쪽에는 물만 조금 넣었는데 불이 모아져야 밥이 익고 나무를 아낄 수 있겠다. 며칠 전에 돼지 비계를 얻어 달아 있는 무쇠가마 뚜껑을 닦았더니 반짝반짝 윤기가 난다. 쌀이 익는 냄새가 구수하게 진동한다.

배추김치로 국을 끓이려고 기름병을 보니 어느새 기름이 한 숟가락도 없다. 에라 모르겠다. 그냥 숭덩숭덩 썰어서 물에 익혔다. 한편에서 아궁이와 같이 너울거리는 등잔불은 이제 꺼도 되겠다. 이제 곧 아침이다. 어수룩하게나마 형체가 보인다. 등잔 기름도 아껴야 한다.

7시가 되어가 식구들을 깨운다. 출근에 맞춰 밥상에 밥과 국, 김치, 그리고 작은 종지에 된장 한 숟가락을 올리고 숭늉을 대접에 담으니 아침이 마련되었다. 2시간이 족히 걸려서 마련한 아침치고는 너무 단출하다. 점심, 저녁도 다시 재료를 준비해야 한다. 이렇게 엄마의 마음은 타들어 간다.

이것이 북한의 현실이다. 지금도 북한의 수많은 엄마가 한 끼 식량을 걱정하고, 땔감을 걱정하고, 추위를 걱정한다. 물을 아끼고 나무 재마저도 아껴야 살 수 있는 그곳! 문화생활이나 여가는 꿈도 못 꾸는 그곳에서 30년 이상을 살았다. 이렇게 북한에서 살면서 느낀 처절한 인생 경험들은 내가 남한에서 성장할 수 있는 소중한 자양분이 되었다. 그래서 강조한다. 딱 3년만 북한이라고 생각하라! 하루하루가 너무 다른 남북한 문화적 차이로 실수가 많았지만 여기도 북한이라고 생각했다. 아마 그렇게 생각하고 근검절약을 3년만 한다면 그 경험은 인생의 소중한 자산이 될 것이다. 지금 사는 곳이 북한이라고 생각하면,

전기, 24시간 밝은 빛이 나온다.

수도, 24시간 찬물, 더운물 나온다.

취사, 24시간 도시가스, 밥솥 등 버튼만 누르면 밥을 먹을 수 있다. 최소한 다음 날 땔나무 걱정, 먹을 식량 걱정은 없다.

휴대폰, 없어도 참을 수 있다. (공중전화, 이메일 등 소식은 전할 수 있다.)

자동차, 없어도 참을 수 있다. (버스, 지하철, 대중교통도 너무 좋다.)

외식, 브랜드 옷, 명품백, 화려한 화장품 없어도 참을 수 있다.

3년이라는 시간 동안 북한에서 살고 있다 생각하면 참는 게 아니라 너무 행복할 따름이다. 내가 32년간 살아온 그곳은 춥고, 배고프고, 전기가 없어 등잔불을 켜야 하고 모든 시간은 국가가 하라고 하는 일만 할 수 있었다. 그렇다고 시간당 수당이란 말조차 없고 그렇게 일해도 저녁 끼니를 걱정해야 했다. 오히려 북한에 태어났으니 고마워하라는 식으로 인간의 모든 권리를 정권유지를 위해 빼앗는 곳이었다. 지금도 북한뿐 아니라 지구촌 곳곳에는 마실 물조차 없는 나라가 태반이다. 어쩌면 우리는 너무나 좋은 나라에서 태어난 것을 행운으로 생각해야 한다.

눈 딱 감고 3년만 북한이라고 생각해 보라, 그렇게 3년을 하루와 같이 살면 어느덧 수중에는 귀중한 종잣돈이 모이게 되리라. 휴대폰, 차, 훌륭한 외식, 멋있는 집, 아름다운 세계여행 등 하고 싶은 모든 것을 머릿속에만 그리며 갈망하면 3년 뒤에는 못해도 나만의 가게를 할 수 있는 자금력이 생기리라.

나는 1년간 쓰고 먹고 입고 하는 최소한의 의식주를 다 분리수거장이나, 교회단체, 기증단체들에서 얻어서 살았다. 그리고 퇴근길 밝은 빛이 뿜어져 나오는 높은 고층빌딩을 수없이 세며 언젠가는 저런 곳에서 살 수 있다고 주문을 걸었다. 그렇게 희망을 안고 눈물나는 하루를 견뎌 낼 수 있었던 것은 내가 살았던 북한의 현실보다는 너무도 행복했기에!

이제 과감히 북한이라 생각해 보라고 주문을 건다.

# 3년만 북한이라고 생각하기 프로젝트

## 제1단계　정 리

　내일부터는 새로운 지역에 정착한다고 생각한다. 완전히 새로운 나로 탈바꿈하기 위한 첫 번째는 지금까지 살아왔던 모든 것과의 이별이다. 정리하는 순서는 먼저 내일 어디로 떠날 것처럼 생각한다. 그러면서 가장 생각나는 잊지 못할 사람들에게 인사를 해라. 3년 정도 멀리 여행 다녀올 거니까 잘 다녀와서 그때 얼굴 보자고 인사를 해라.

　꼭 입으로 뱉어야 한다. 그것은 나와의 약속이기도 하다. 지금까지 자동이체로 나갔던 모든 것들도 여행을 3년 정도 다녀온다고 생각하면 정리해 놓아야 할 것들이 많다. 핸드폰에 저장된 연락처 중 3년 동안 찾지 않아도 되는 사람들부터 삭제한다. 지갑에 카드들도 3년 여행 동안 안 써도 되는 카드들은 잘라서 없앤다. 집 안에 있는 물건중 3년 동안 쓰지 않는 물건들도 정리해 본다.

　참 많다! 새 물건부터 옷가지, 생필품 정말 많다. 생각 없이 어제 사들인 물건이나 옷이 아깝기 시작할 것이다. 하지만 과감하게 정리하라, 어차피 난 3년 동안 멀리 떠날 것이니까. 완전히 제로로 만들어야 가능한 일이다. 될수록 모든 정리 기간을 단축하라! 다 정리되어 떠나도 미련 없으면 이제 2단계로 넘어간다.

찾는 사람 하나 없고 아무도 모르는 새로운 지역에 정착한다고 생각하라! 길도 모르고 어떻게 사는지도 모르고 남들의 눈을 의식하지 마라. 어차피 지금 아무도 모르는 새로운 지역에 왔다.

뭘 할 수 있을지 생각을 해보라! 현재 하는 일, 그리고 또 다른 무엇을 하면 먹고살 수 있을지를 찾아보라. 길을 걸어라, 간판을 보고 사람들을 보라. 현재 수입은 한 푼도 건드릴 수 없다. 새로운 수입원을 찾아라! 아무도 모르는 지역에서 지금까지 해보지 못했던 일을 하면서 수입을 찾아라.

아르바이트도 좋다. 될수록 많은 일자리를 경험해 보라. 새로운 수입원이 하루 1만 원이면 그것의 50%만 써라. 현 본래 수입(100%)+새로운 수입(50%)=무조건 남겨라. 남긴 금액은 노트에 진하게 적어라! 그리고 통장보다는 현금으로 보관하라! 쉽게 쓰지 못한다.

우선 돈을 정립하라! 어제보다는 더 벌 수 있는 일자리를 찾아라. 매일 액수를 불려 나가라. 꼭 매일 매일 해야 한다. 시간당 5,000원의 일자리도 쉽게 생각하지 마라. 한 시간 일하고 그것으로 식비를 해결하라. 이미 현금화되어 노트에 진하게 적힌 돈은 절대 쓰면 안 된다.

다음 생각을 정립하라! 그동안 일하면서 시간이 즐겁게 갔던 일이 무엇인지 생각하라. 좋아하는 일을 하면서 돈 벌 수 있는 일이 무엇인지 생각하라. 이제 돈이 모이면 뭘 해서 즐겁게 살 수 있을지를 생각하라. 자다가도 소스라치게 심장이 뛰는 기분 좋은 일을 생각하라.

나와 가장 잘 맞는 정확한 업종을 선택하라! 지금까지 모아 온 현금으로 시작하라. 작게 시작하라, 하루 만원 벌기를 목표해도 좋다. 큰 투자보다는 작은 투자에 성공해야 한다. 그리고 무조건 투자한 금액의 두 배가 될 수 있게 하라. 그동안 안 쓰고 악착스럽게 노트에 적어 가며 모았던 피 같은 돈이다. 잃으면 안 된다. 그러다 보면 투자마저도 신중하다. 3년만 북한이라고 생각하면 가능하다.

여기서 가장 중요한 포인트는 새로운 정착지가 북한이라고 생각하는 것이다. 물, 전기, 수도, 도로, 버스, 식당 모든 것이 감사하다. 언어가 통하는 것만도 감사하다. 누구도 모르게 3년을 준비하라 3년 뒤에 자신도 깜짝 놀랄 만큼 많은 금액이 모일 것이다.

# 2。

# 기회를
# 놓치지 마라


내가 열심히 살기도 했지만 그보다도 우연한 기회를 놓치지 않고 잘 포착했던 것 같다. 그 순간에는 그것이 큰 기회라고 느껴지는 못했지만, 안 될 거라는 생각보다는 일단 해보자는 도전정신이 강했다. 첫 가게를 성공적으로 정리하고 나서 아파트 대 단지에서 슈퍼를 할 때였다. 많은 사람이 그러하지만, 그때 내가 아파트를, 그것도 서울에 34평 아파트를 사게 되리라고는 생각을 하지 못했었다. 엊그제 북한에서 와서 부동산이라는 말도 잘 모르는데 어떻게 아파트를 분양받을 수 있겠는가. 그런데 우연한 대화 속에서 기회를 포착할 수 있었다.

단지 내 상가를 분양받아 편의점으로 운영하시다가 넘겨주신 건물주분은 불과 한 달 만에 상상하기 힘든 매출이 나오는 가게를 보시고 깜짝 놀라셨다. 어떻게 이럴 수가 있는지 모르겠다는 표정으로 열심히 하라고 항상 응원해 주셨다. 그리고 자주 매장으로 오셨다. 물론 상가의 매출이 잘 나오는지도 보러 오셨지만, 찬찬히 보니 자주 가시는 부동산 사무실이 있었다. 당시 나는 여러 부동산 사무실에 커피나 차, 종이컵을 비롯한 사무실 용품들을 싼 가격에 납품하고 있었다.

엉겁결에 잠깐씩 들은 이야기들을 종합해 보면 어느 부동산 사무실이나 '분양권'이라는 말을 많이 하고 있었다. 서울에서 마지막 뉴타운 개발이라고 하면서 조합원 분양권에 대한 사람들의 얘기가 궁금해서 견딜 수가 없었다. 사실 하나원에서 교육을 받을 때 탈북민들은 북한이탈주민 보호법으로 평생 한 번은 특별 분양권이 있다는 것을 알고 있었다. 그래서 건물주분한테 분양권이 뭔지를 물어보았다.

"아파트를 지으면 건설사에서 분양하는데 일반분양과 조합원 분양이 있고…."

이러시면서 내가 궁금해 하는 분양권에 관해 설명해 주셨다.

"우리 탈북민들은 특별 우선 분양권이 있다고 들었습니다? 아마 여기도 넣으면 당첨이 될 수 있겠습니까?"

그 말에 당첨만 되면 본인이 프리미엄을 주고 사시겠단다. 이게 뭐야? 그럼 분양을 신청해서 당첨만 되면 돈을 벌 수 있다는 게 아닌가? 믿어지지 않았지만, 부동산 사무실 한두 곳에 물건 납품하면서 얼굴을 알고 있는 실장들에게도 물었더니 다들 그렇다고 하신다. 한 수 더 떠서 부동산에서 제시한 금액이 우리 건물주분이 주시겠다는 분양권 웃돈보다 더 높다. 거기에 당첨이 되면 계약금이 몇천만 원이 드는데 그것도 빌려주시겠단다.

돈 벌 수 있겠구나! 어떻게든 당첨이 되고 싶었다. 그래서 우선 분양을 받기로 하고 울 직원들도 다 북한 사람들이라 함께 서류를 넣었다. 발표하는 날, 정말 가슴 조이며 기다렸던 순간, 내가 34평, 아는 동생이 25평에 당첨되었고 나는 9층, 동생은 2층이었다.

대박이다! 계약해야 하는 날까지는 한 달 남짓이 남아 있었다. 본격적으로 알아보기 시작하였고 분양권 판매가 불법임을 알게 되었다. 생각다 못해 한창 장사가 잘되는 타이밍에 맞춰서 부동산에 가게를 내놓고 가게 계약금을 받아 아파트 두 채를 계약하였다. 지금도 그 아파트들을 가지고 있다. 아파트 가격이 오르락내리락해도 상관하지 않는다. 괜찮다! 평생 한 번밖에 받을 수 없는 혜택으로 분양받은 아파트라 팔고 싶지 않았다.

이렇게 기회는 생각지도 못한 곳에서 발견되었다. 또한, 지금까지 여러 기회를 잘 이용하여 부동산을 살 수 있었다. 그리고 거기에는 가슴 깊은 곳에 간절한 꿈이 있다. 고향을 떠날 수밖에 없었던 아픈 사연을 안고 살아가고 있는 우리 같은 탈북인들이 모여서 함께 위로하며 살고 싶은 소박한 바람! 어느 날 어떤 이유로든 헤어져 홀로 살 수밖에 없는 우리가 아픈 마음을 함께 어우르며 앞뒷집에서 추억을 공유하고 싶다는 간절한 바람!

함께 힘들었던 세월을 돌이키고 더 좋은 세상이 올 거라고 서로 믿어 주며 그렇게 살고 싶은 마을을 만들고 싶었다. 잃어 본 가족에 대한 애틋함은 이제 다시는 겪고 싶지 않았고 지금이라도 주변에 좋은 사람들과는 언제나 함께하고 싶었다. 그래서 토지가 필요했다. 그것도 북한 땅이 바라보이는 곳에….

북한의 도발로 인해 접경지역에 발길이 뚝 끊긴 어느 해 추석! 가족과 마음이 통하는 친구들이랑 연천, 철원, 동두천 지역을 돌아보고 있었다. 그러다가 발길이 닿은 동두천 어느 펜션에 숙소를 잡

△ 어느 해 추석, 펜션 사장님이랑

았다. 마침 운영하시는 사장님이 뜻밖에 우리를 가족처럼 푸근하게 대해 주셨다. 아마도 추석에 고향 못 가고 돌아다니는 우리를 불쌍히 생각하셨나 보다.

그분과 여러 대화를 하면서 이번 추석에 접경지역을 돌아보려고 하는 이유를 설명해 드렸다. 일이 되려고 하니 바로 그분이 서울 중심가의 어느 은행에서 지점장까지 하셨고 명퇴 후에는 경매 관련 부동산 사무실도 운영하셨던 실력 있는 분이셨다. 그리고 현재 운영하는 펜션 역시 경매로 낙찰받으셨단다. 그분께 내 조건을 상세히 설명해 드렸다. 현재 가지고 있는 자금은 얼마 안 되고 토지는 될수록 커야 하며, 전원주택지로 개발이 가능한 곳이고, 북한과 가까운 곳을 찾는다고 말씀드렸다. 또한, 요즘처럼 부동산경기가 바닥이고 북한의 도발로 인해 경매 법정에서 별로 신경 안 쓰는 접경지역 토지투자는 지금이 어쩌면 기회라는 내 의견도 말하였다. 이렇게 그분의 컨설팅을 받으며 그로부터 두 달 뒤에는 의정부법원 경매장에 가 있었다.

낙찰받기로 한 토지를 수차례 가 보았다. 도로와 붙어 있고 지형이 마음에 들었다. 남향에 낮은 평야였으며 이미 공장허가가 나와서 중간쯤 토목공사를 하다가 경매에 넘어간 물건이었다. 주소지는 연천이지만 서울에서 차로 한 시간도 안 되어 도착할 수 있고 파주, 동두천, 포천과도 가까운 곳이었다.

비가 억수로 오는 날! 경매장에는 많은 사람이 있었다. 그날 어느 아파트에 16명이 응찰하는 곳도 있었다. 그리고 마음에 들었던 그 토지는 다른 한 명의 경매응찰자를 제치고 당당히 낙찰되었다. 후에 경매 응찰자였던 그분이 그 토지에 특수학교를 지으려고 엄청 노력했고 경매 컨설팅에 거액의 수수료를 주면서 입찰에 참여했음을 알게 되었다. 그 말을 듣고 나니 더 으쓱했고 왠지 잘 샀다는 믿음이 생겼다. 지금 그곳에 우리들의 꿈을 그리고 있다. 그리고 이것 역시 나에게는 또 한 번의 크나큰 기회였다. 지금은 아마 그러한 토지를 낙찰받기가 어려울 것이다. 그때는 연천 포격을 비롯한 접경 지역에 대한 북한 도발이 절정이었고 아파트 폭락으로 온통 뉴스에는 거래가 절벽이라는, 부동산은 끝났다는 시기였다. 또한, 경매 분야에 박식하신 펜션 사장님을 만나서 도움을 받을 수 있었다는 것 모두가 기회였다고 생각한다.

남남북녀 결혼중개사업도 온라인 사업을 하면서 여러 번의 실패를 거쳐 우연히 닿은 아이템이었다. 시장을 분석했을 때 자신 있었고 경쟁업체들보다는 나름의 전략이 있었다. 거기에 더해서 내가 출연한 《이제 만나러 갑니다》라는 채널A의 방송이 탈북여성들이 KBS에서 하던 《미녀들의 수다》를 각색한 예능 방송으로 인기를 끌기 시작한 시기였다. 그렇게 2011년 12월 시작한 〈엔케이결혼〉과는 우연한 일치처럼 맞았다. 이렇게 우리는 살면서 기회를 어렵게 생각하지만 뜻밖에 기회는 항상 있다. 마음먹기에 달렸고 기회를 살려 크게 성공하는 것도 바로 기회라고 생각하기 때문에 오는 것이다. 기회를 놓치지 말라, 그리고 기회가 올 수 있게 마중하라, 꼭 벌 수 있다.

# 3。

# 돈의 흐름을
# 만들어라

십 년 만에 아파트 1채, 주상복합아파트 1채, 오피스텔 1채, 경기도 연천에 계획관리지역 9천 평, 농림지역 6천 평, 대부도 7백 평, 평창지역 1천 평 등 토지의 주인이 되었다. 물론 아파트는 전세금을 받은 것도 있고 오피스텔과 토지에는 1금융권에 담보대출도 있지만, 그래도 빈손이었던 나에게 참으로 많은 재산이 생겼다. 북한에서 온 내가 어떻게 무에서 유를 창조할 수가 있었을까! 십 년이 어떻게 지나갔는지 모르겠고 아직도 북한에서 사는 것 같다. 마치 엊그제 고향 집을 나온 것 같다. 돌이켜 보면 하나원을 나와서 며칠 안 되는 그 시절에 나는 이룰 수 없는 목표를 세웠다.

"월 300만 원×12달 → 3600만 원×3년 → 1억8백만 원"

3년 안에 1억 원을 만들겠다. 그런데 그 목표는 가능한 것이었을까? 놀랍게도 그 목표를 1년 만에 이루었다. 그 목표를 정말 1년 만에 실행하고 나니 자신감이 붙었다. 그리고 지켜야 했다. 악착같이 안 먹고 안 쓰고 모은 귀중한 종잣돈을 허술하게 쓸 수 없었다. 더구나 앞날은 불안했고 어떻게 하면 좀 더 같은 시간에 더 많은 돈을 벌 수 있을지를 궁리하기 시작했다. 그래서 좀 더 큰 곳으로 이사하여 직원들과 일하기 시작하였고 그런 매장을 한 개에서 세 개, 다섯 개로 불려 나갔다.

또한, 이미 가게를 팔고 사는 방법을 아는 사람이 되었다. 오픈할 때부터 매매 타이밍을 맞췄고 가게에 들어오는 손님들이 어떤 물건을 찾는지를 눈빛만 봐도 아는 신들린 사람 같았다. 아마도 카운터에서 서서 물건만 팔았다면 다 몰랐을 것이다. 멀리 차가 와서 가게 앞에 서면 그 사람이 동네손님인지, 뜨내기손님인지, 부동산인지, 우리 가게를 사러 온 사람인지를 다 맞힐 수 있었다. 손님의 뜻을 아는 주인이니 손님에게 맞추기는 너무 쉬웠다.

생각해 보면 창업을 결심하고 가게를 보러 다니는 사람들은 부동산을 통해서든 벼룩시장 신문을 통해서든 많은 물건을 보게 되어 있다. 그리고 장사가 잘되어 손님이 많고 분위기가 활성화되어 있어 보이는 가게를 기존의 데이터를 보고 여러 곳과 비교하여 정한다. 그리고 총투자금은 1억 원 안쪽이 부담이 없다. 상권은 괜찮은데 운영이 잘 안 되어 매출이 낮은 가게를 주로 매입했고 몇 년 안에 10개가 넘는 가게들을 성공적으로 운영하고 매매도 하였다.

항상 투자금은 일정했다. 다른 사람들과 다르다면 내 투자금은 항상 일정하다. 물론 많이 투자하면 많이 벌 수 있다. 그러나 정해 놓은 투자금의 액수를 늘려 본 적이 없다. 대신 개수는 늘어 간다. 일정한 금액의 투자는 누구나 쉽게 살 수 있는 규모라서 회전이 빠르다. 그리고 남들과 다른 중요한 포인트는 통장에 남아 있는 돈이 없다는 것이다. 두둑이 쌓아 놓고 뭘 해보지 못했다. 항상 아끼고 안 쓰고 모아서 일정해지면 그것이 투자금이 된다. 그리고 또다시 안타깝게 벌고 모아서 원금과 이자를 갚아 나가야 한다.

난 죽을 수도 없고 아플 수도 없다. 정신력이 이러하니 항상 상황을 예리하게 주시한다. 조금은 과도한 위험 시나리오도 스스로 그려본다. 투자금이 일정하게 결정되면 과감하게 벌여 놓고 마음을 항상 다스린다. 어차피 빈손이었다고! 잃어도 좋다는 배짱은 물건을 꼭 원하는 가격이 될 때까지 기다리는 시간을 벌어 준다.


경매로 운 좋게 낙찰받은 연천 토지 매입 후에 또다시 도전을 시작하였다. 이번에는 욕심을 내어 가평에 좀 더 넓은 토지를 낙찰받았지만, 경매 응찰 보증금을 그대로 날리는 실패로 끝났다. 시세보다 저렴한 토지였지만 도로 쪽이 암반이라 개발이 어려웠고 옆 토지를 사면 그나마 가능한데 3대에 걸쳐 물려받은 토지라 주인은 팔 수 없다고 하였다. 그 토지는 영원히 개발할 수 없었다. 힘들게 모은 투자금이었지만 깨끗하게 마음 비웠다. 잃은 것은 돈이었지만 얻은 것은 엄청 큰 것이었다. 그때부터 법원 경매장 출입을 멈췄고 인생에 또 하나의 소중한 경험을 남겨 주었다. 어차피 빈손이었으므로 아까운 마음은 어쩔 수 없었지만 내려놓기도 그만큼 쉬웠다.

돈의 흐름은 한 번의 성공을 분석하여 그것이 나름대로 룰에 잘 맞추어져 있는지 파악하는 것이 중요하다. 그리고 한 번의 성공이 중요하다고 생각하는 또 다른 이유는 도전적인 자신감이다. 어차피 잃어 봤자 본전이라는 생각이 들면 자신한테 굉장히 긍정적인 자신감을 준다.

제1금융권에 부동산 담보대출도 긍정적으로 받아들였다. 구멍가게를 시작할 때 사업자 대출을 받으려고 은행을 찾았었다. 그런데 카드 한 장 없고, 은행거래가 없는 내 신용등급에 대한 산정이 없었다. 옆에서 상담하면서 서류 작성하는 다른 사람은 아마 좋은 기업에 다니는지 연봉만큼 대출이 나온다는 소리가 얼결에 들려왔다. 그때, 언제면 1금융권 은행에서 돈을 빌릴 수가 있을까? 하긴 '나의 어디를 믿고 돈을 빌려줄까' 하는 혼자만의 생각도 들었다. 지금은 부동산 담보로 은행권에서 상당한 금액의 대출을 받는다. 그리고 사업하다가 힘들 때 또 은행 가서 대출받을 수도 있다. 든든하다. 비록 은행 돈이라서 부담은 있지만 팔아도 내 돈이 더 남는다.

담보적 가치로서의 부동산은 참 의미가 깊다. 부동산을 팔아서 돈으로 얼마로 환산하기보다는 급할 때 은행에 가서 대출받아 쓸 수 있다는 자신감은 어깨를 펴게 해 준다. 돈의 흐름은 이렇게 나름대로의 룰이 있으면 된다. 나는 경제나 경영을 한 번도 배운 적이 없다. 그래서 내 방식대로 설명한다.

돈의 흐름에서 백 번 강조하고 싶은 것이 있다. 이렇게 룰을 지키면서 시간도 벌고 건강도 놓치지 않으려면 현 직업에 충실해야 한다. 현재 하는 일들에 최선을 다하면서 기본적인 현금흐름이 월 급여에서 나와 줘야 가능하다. 지금 하는 일도 잘 못하는 사람은 어떤 것도 이루어 낼 수 없다. 자영업자 역시 같다. 운영하는 작은 사업마저 성공하지 못하면 앞으로의 꿈을 이룰 수가 없다. 가능한 본인이 하는 일에서 하루 한 시간도 아끼고 노력하여 최고의 수익을 창출한다면 이미 성공이다. 더욱이 돈의 흐름이 일정해지면 더 큰 성공을 맛볼 수가 있다. 이처럼 항상 나름대로 룰에 맞춰서 일정한 규칙만 따르면 된다고 마음을 잡았고 앞으로도 누가 뭐래도 내가 정한 룰을 지킬 것이다.

**나의 룰**

- 투자는 일정하게(본인이 가장 편안한 적정 투자금액)
- 노는 돈은 없애고(통장에 남아 있는 돈이 없다)
- 은행을 이용하고(이자를 감당할 수 있는 정도의 대출을 받는다)
- 남아야 팔며(투자 대비 오르지 않으면 절대 팔지 않는다)
- 남는 돈을 또 따로 모은다(투자 원금을 빼고 나머지는 따로 모은다).
- 이것을 멈추지 않고 반복한다.

경제박사들이 보면 웃을지 모르겠다. 그러나 이론을 배우지 못한 나는 빈손에서 내가 만들어 온 나름의 공식을 믿는다. 지금까지 만들어 온 자산들은 돈이 있어서 계획적으로 매입하거나 전속부동산을 통해서 오랜 시간 견적을 받고 비교를 하면서 사들인 것들이 아니다. 통장에 여윳돈은 그때나 지금이나 언제나 빠듯하다. 계약하고 잔금까지 편안한 잠을 자 본 적이 없다. 항상 모자랐고 애달팠으며 속상하게 마련돼서 계약금을 날릴까 봐 안타까워 발을 동동 구른 적이 한두 번이 아니다. 하지만 비장의 무기가 있었으니 그것이 바로 현금흐름이었다. 어찌 되었든 단 하루 한순간도 쉬지 않았고 계속 일을 하면서 현금흐름을 만들어 갔다. 이처럼 돈의 흐름을 잘 만들면 그 어떤 험한 길도 잘 달릴 수 있는 든든한 엔진을 가지고 있는 것과 같다.

△ 경매로 마련한 경기도 연천군 청산면 토지에 그려질 통일가족마을 조감도

제6장

# 그래도 고향에 가고 싶다

# 1。

# 가족,
# 그 소중함

가족이란 내가 살아가는 힘이다. 지금 3만 명 가까운 탈북민들이 우리 주변에서 살아가고 있다. 그들과 시작은 같지만 현재는 서로 다른 삶을 사는 이유는 무엇일까? 아마도 가족과 함께했기 때문이라고 자신한다. 혼자였다면 오늘처럼 성장하기 어려웠을 것이다. 지금도 매일 매 순간 최선을 다해서 주어진 삶의 시간을 살아가며 가족의 소중함을 느끼고 있다.

나를 아는 주변 사람들은 첫사랑 남편과 두 아이가 있는 행복한 가정이라고 생각한다. 그런데 사실 우리 부부는 심하게 다투고 서로에게 격하게 아픈 상처를 주는 동갑 부부이다. 이런 우리 부부에게 지금은 추억 같은 우여곡절이 있었다. 생활이 조금 안정되어 둘째를 낳고 3살 정도 되는 때였다. 당시는 슈퍼 운영에 이어 두 번째

△ 처음 가 본 인천공항에서 남편, 딸과 함께

사업인 결혼정보회사를 안정적으로 운영하며 나름대로 열심히 일하고 있었다.

매일 주말도 없이 밤 10시가 넘어서야 퇴근하는 일이 잦아졌다. 상담도 많았고 출장 역시 지방이라 집에 들어가지 못하는 일도 있었다. 고향을 떠나 어렵게 정착하고 있는 북한 여성들에게 내 눈으로 확인한 정보만 전달하고 싶었고, 또한 남한 남성들이 잘 모르는 탈북여성들의 생활상을 발로 뛰며 설명해 주고 싶었다. 그런데 이 부분을 북한 남성인 남편이 이해할 리가 만무했다. 가부장적인 사고로 여자는 남자에게 무조건 헌신하고 가정을 돌봐야 한다는 북한식 남존여비를 한순간에 버리기는 어려운 모양이었다.

이런저런 이유로 싸움이 잦아졌고 직원들 앞에서까지 감정을 추스르지 못하는 지경까지 이르렀다. 현실에서 도망치고 싶었고 어디론가 아무도 모르는 곳으로 정처 없이 떠나고 싶었다. 그런데 나는 훌쩍 털고 떠날 수가 없다. 어린이집 다니는 둘째가 눈에 밟혔고, 하루에 300통 이상 걸려 오는 회원들과의 전화를 끊을 수가 없었다. 매일 아침 나의 얼굴을 보며 일과를 기다리는 초롱초롱한 직원들의 눈빛이 어른거려 떠날 수가 없었다. 그러기를 몇 번, 그것도 극한의 상황에 달하면 눈앞에 보이는 것이 하나도 없었다.

홀연히 아무 말 없이 둘째 아이를 데리고 집을 나왔다. 택시를 타고 가까운 대부도를 갔다. 평일이라 조용한 바닷가에서 아무 생각 없이 웃는 해맑은 아이를 보며 가슴을 식혔다. 그날 밤 아이랑 누워서 생각을 몰았다. 어떻게 할까? 핸드폰 끄고 카톡 대화명에는 '핸드폰 고장입니다. 문자 남겨 주세요!'라고 남겨 놓았다. 다른 무엇보다도 회원들이 걱정돼서였다.

다음 날 아침, 무작정 나서다가 발견한 곳이 점집이었다. 운명을 믿지 않는 내가 태어나 처음으로 향불 앞에 앉아 돈을 내고 점을 보았다. 나오면서 드는 생각은 '나도 나를 보면 그렇게 말하겠다'라는 생각이었다. 점집을 나와서 탄 택시에서 갑자기 울분이 터져 올랐다. 택시기사에게 가정법원에 가자고 말했다. 법원은 TV에서 보던 모습과는 사뭇 달랐다. 올라가는 층계도 낮았고 민원실에 사람도 많았다. 안내대에서 이혼 신청하려면 어디에 접수해야 하는지를 물었다. 그리고 창구의 안내를 받아 서류작성대에 앉아 예시를 보면서 작성을 했다. 오히려 마음이 차분해지고 또박또박 써내려 갔다.

이혼사유는 성격 차이, 양육권과 친권은 내가, 재산분할은 없는 것으로…. 아무 생각이 없었다. 그냥 남편을 안 보고 살면 좋을 것 같다는 단 한 가지였다. 정작 법원 옆 신한은행에서 수입인지까지 사서 붙였는데 접수하지 못했다! 아무래도 한 번은 좀 더 진지하게 생각을 해보기로 하고 법원 밖을 나섰다. 해는 아직도 중천이다. 이제 어떻게 하지? 이혼신청서류를 물끄러미 내려다보았다.

"엄마! 또 어디 가자!"

손을 잡은 아이의 칭얼거리는 소리에 정신이 돌아왔다. 분명히 조금 전까지는 다시 안 보고 싶은 죽도록 미운 남편이 아이의 눈을 마주치자 다시금 생각하게 되었다. 나는 싫은데 아이에게 아빠는 정말 중요한 존재였다. 아빠 없는 인생이 아이가 훗날 성장 과정에 얼마나 많은 상처를 줄까 하는 생각이 들었다. 하지만 이번 기회에 남편에게 나의 의중을 정확하게 알려 주고 싶었다. 옆에 있는 우체국으로 들어갔다. 이혼서류를 우편봉투에 넣어 집 주소로 발송했다.

그리고 인천에 있는 같은 탈북자 친구에게 전화를 걸었다. 나보다 먼저 탈북한 친구는 10년 넘게 앞뒤 마을에서 같은 초등학교와 중학교에 다닌 어릴 적 친구였다. 국정원 신원 조사에서 친구가 먼저 탈북한 사실을 알게 되었을 때 너무 기뻐 눈물이 났다. 하지만 바쁜 일로 차일피일 미루던 친구를 이제야 만나게 되었다. 약속 장소에서 반가워 어쩔 줄 모르는 소꿉친구와 그동안의 회포를 나누며 아무 일 없는 듯이 일주일을 보냈다. 그러던 중 핸드폰에는 수많은 문자가 들어왔다.

'정말 이럴 거야?'
'우리 다시 얘기하자.'
'이혼만은 안 돼.'
'내가 노력할게.'

문자로 미루어 남편의 심경에도 큰 변화가 있었다는 느낌이었다. 이혼서류를 보고 심장이 덜컥했을 남편의 얼굴이 떠오르니 웃음이 났다. 그리고는 다시 집에 돌아와 우리는 마주앉았다. 노트와 볼펜

△ 마트 운영하던 시절 쉬는 날 남편, 딸과 함께 임진각을 찾았다

을 놓고 결혼한 지 17년 만에 처음으로 양해각서를 체결했다. 1번부터 10번까지 내가 썼고 남편이 다 OK를 하였다. 그러나 그 조항은 그때뿐이었다. 지금 내 눈에는 남편이 각서를 쓰나 안 쓰나 달라진 게 하나도 없어 보인다. 그런데 남편은 자신이 100% 달라졌다고 한다.

또 다른 사건은 작년 여름에 있었다. 그날도 많은 〈엔케이결혼〉 회원들과 함께 북한 여성이 어떻게 남한까지 오게 되는지 이야기를 나누는 무료 설명회를 개최하였다. 토요일이고 점심시간이 넘어가는데 회원들과 나눌 음료수와 다과를 간단히 주문하려고 거래하던 마트에 전화했더니 계속 통화 중이다. 아마 전화기를 잘못 놓았나 생각하며, 급한 마음에 남편에게 후다닥 가서 사다 달라고 주문서를 주었다. 그리고 불과 20분 뒤, 다급하게 울리는 남편의 전화를 받았다.

"119입니다. 남편분이 교통사고로 가까운 병원 이송 중입니다."

시계를 보니 설명회 시작까지는 1시간도 채 안 남은 상태였다. 허겁지겁 병원으로 달려갔다. 남편은 오토바이를 타고 가다가 유턴 차량과 부딪쳐 도로바닥에 쓰러지자 목격자들이 119를 불러 병원까지 이송되었다. 눈앞이 캄캄했다. 양측 보험사들도 출동하고 병원에선 급하게 검진하느라 정신없는데 결과는 아무래도 시간이 걸릴 것 같았다.

그러나 어찌하랴! 회원들과의 약속으로 사무실로 돌아왔다. 머릿속이 하얘서 아무 기억도 나지 않았지만 그래도 설명회를 진행했다. 불의의 사고는 그렇게 순간에 눈썹 밑에서 떨어졌다. 행사를 마치고 병원으로 달려갔더니 그래도 더 심하게 다치지 않은 것에 감사하라고 하면서 의사가 상황을 설명해 준다. 가슴 쇄골과 왼쪽 팔뼈가 금이 가서 깁스하고 입원치료를 받아야 한단다. 다행히 머리는 괜찮다고 하신다. '하~ 다행이다.' 놀란 가슴을 쓸어내렸고 상황이 이 정도인 것도 하늘이 도운 것으로 생각했다. 이번 기회에 오토바이는 버리자고 약속했다. 마트를 하면서 배달 때문에 산 중고 오토바이를 참 많이도 타고 다녔다.

사실 남편과 한 책상에서 공부하던 짝꿍 동창이라 단 한 번도 남편에게 애교나 존경심, 깍듯한 예의를 차려 본 적이 없다. 지금도 항상 퉁명스럽고 천성적인 성격이니 그게 싫음 그만두라는 식으로 너무 막 하대한다. 단 한 번 마음에 담은 사람도 없었던 철부지 시절부터 양가 부모님들이 원하시니 그냥 저 사람이랑 결혼해야 하나 보다 하고 살았다. 사는 동안 참 많은 후회도 들었다. 그리고 지금은 내 딸에게 절대 동창과는 결혼하면 안 된다고 노랫소리처럼 외우며 산다. 한때는 저 사람과 함께라면 무인도에 가서 살아도 행복하겠다는 첫사랑이었지만, 삶의 부딪치는 순간마다 끝내고 싶은 악연으로 끝없이 자책도 했다.

그런데 그런 사람이 죽은 듯이 침대에 누워 있는데 차라리 내가 다쳤으면 하는 마음이 드는 걸 보면 아직도 너무 많이 사랑하고 있나 보다. 조금만 더 기다렸다가 마트에 배달을 시켰으면 되었을 것을 하는 후회부터 시작하여 모든 게 내가 성급해서 이런 결과가 온 것 같은, 그래서 더 미안하고 애잔했다. 다른 사람들에게는 아무런 이유 없이 무한정 배려하는데 단 한 사람! 평생을 함께 가야 할 이 사람한테는 너무 매정하게 한다. 힘든 시간을 그래도 서로 의지하며 잘 버텨 왔는데도 고맙다는 말 보다는 안 좋은 말들을 더 많이 했다. 나에게 찾아온 이런 기회도 흔치 않으니 정말 남편에게 잘해야겠다는 깨달음이 오는 사고였다.

북한에서 대학 4년 동안 남편은 매일 퇴근 후에 함께 장부정리와 돈을 맞춰 주었다. 아침에 출근할 때 가지고 나가는 돈은 정해져 있었다. 그날 번 돈은 무조건 저녁이면 총화해서 매일 모았다. 그리고 일주일에 한 번씩은 알려 준다. 얼마가 이번 주에 번 돈이라고, 아마도 그때부터 우리 가족의 돈 관리 습관이 자리잡혀 있었다고 생각한다. 지금도 남편은 천 원짜리 한 장도 그냥 쓰는 일이 없다. 워낙에 아끼는 습관이 몸에 밴 남편은 2016년 6월부터 탈북청소년들의 꿈을 키워 주는 '(주)N&S엔터테인먼트' 사업을 하고 있다.

우리 부부는 서로를 굳게 믿는다. 남들이 보기에 다정다감한 부부는 아니지만, 서로에 대한 믿음만큼은 변하지 않을 것이다. 내가 뭘 하겠다고 할 때 남편은 크게 실수하지 않는 브레이크 역할뿐 아니라 든든한 조언자이다. 무뚝뚝하고 여자 같지도 않은 나를 질리지도 않는지 항상 그래도 곁에 있어 준다.

그리고 우리 아이들, 아이들한테서 받는 에너지가 어마어마하다. 둘째를 낳았을 때는 하늘이 파랗고 아침에 태양이 뜨는 것만으로도 너무 감사하다는 것을 새롭게 느꼈다. 세상 모든 것이 신비하고 영험하며 희망 넘친 새로운 인생을 살 거라고 주문을 걸었으며 그렇게 와 준 둘째가 너무 고마웠다. 지금도 하루하루 아이들로 인해 성장하고 발전할 수 있으니 이미 나는 모든 걸 다 받았다. 그리고 이제는 이렇게 성장할 수 있게 해 준 사회에 환원하려고 나름대로 노력하고 있다.

이처럼 우여곡절이 많았지만, 중요한 것은 아직도 남편과 나는 아이들을 키우며 한곳을 바라보며 함께 살고 있다는 것이다. 살면서 어찌 좋은 일만 있으랴~. 정말 살다 보면 단 한순간에 끝내고 싶은 날들이 정말 많다. 그런데 오늘 현재까지도 함께한다는 것은 희망이 있다는 뜻이 아닐까 싶다.

새삼 강조하지만 십 년 동안의 남한정착생활 중에 가장 큰 힘은 가족이었다. 나에게 가족은 그렇게 힘의 원천이고 능력의 발원지이며 무한한 희망이다. 나에게 사랑하는 가족이 있었기에 지금이 있게 되었고 어떠한 어려움도 웃으며 넘길 수 있었다. 그래서 지금도 가족을 맺어 주는 일을 한다. 내 손으로 맺어 준 커플들이 결혼할 때 혼주 자리에 앉아 있으면 부모 된 심정으로 눈물이 흐른다. 기뻐서 우는 것보다는 내가 맺어 주었지만, 신랑 신부가 앞으로 가족으로 감당해야 할 삶이 걱정되기도 해서이다. 남한 땅에서 부모 없이 아내이자 엄마로 사는 삶이 얼마나 힘든지 겪어 보아서 잘 알기 때문에 나는 결혼식장에서 항상 소리 없는 눈물을 흘린다. 그리고 연인끼리 행복해 할 때 꼭 이런 문자를 남긴다.

'사랑하는 사람과 정말 행복하게 좋은 추억을 만들어. 세상에 다시없을 가족이 될 사람이야. 살다 보면 어려운 날 많을 거야. 행복했던 오늘을 추억으로 먹으며 이겨 내야 해^^'

혹시 살다 보면 인연이 아니어서 헤어지는 커플들도 있다. 그러나 그것도 인연이었다고 생각한다. 서로 이해하고 배려하며 살았으면 이겨 낼 수도 있었는데 극단적인 선택으로 헤어지고 나면 너무나 후회하는 사람들도 많이 보아 왔다. 가족은 정말 소중하다. 나에게 지켜야 할 가족이 있고 나를 지켜 주는 가족이 있다는 것, 그것은 세상에 그 무엇과도 바꿀 수 없는, 돈으로 환산이 안 되는 막강한 힘이다.

# 2。

## 나는 고향에
## 가고 싶다

내가 태어나고 살던 현재 함경북도 경흥군으로 불리는 아오지는 인구 10만의 탄광마을이다. 석탄 매장량이 많아 1930년대 때부터 탄광마을로 개발되었다. 아오지탄광은 본래부터 그렇게 불리다가 1975년 6월 13일 김일성이 현지지도를 내려온 날을 기념하여 '6월 13일 탄광'으로 개칭하였다. 중학교 때부터 우리는 일주일에 한두 번은 꼭 탄광 노동자들을 환영하는 행사 때문에 갱 안으로 들어가는 광차 앞에서 환영 곡을 불렀다. 어릴 적 탄광마을 아이들과 함께 물고기잡이를 하던 시내를 가로지르는 은덕천이라는 강이 있다. 수돗물이 안 나오면 강의 얼음을 까고 밑으로 흐르는 강물을 그대로 길어다가 끓여서 식수로 마셨다. 지금 생각해 보면 폐쇄된 갱으로부터 흘러나온 나쁜 물질들도 많이 섞여 있었을 텐데…. 하지만 지금도 그 강은 탄광마을의 유일한 젖줄기로 흐르고 있을 것이다.

△ 북한 아오지 전경

　아오지 탄광은 석탄매장량이 1억5천만 톤으로 추정되는 대규모의 갈탄광산이며 석탄의 질이 좋아 여러 가지 공업원료로도 이용되고 있다. 이 탄광에서 생산되는 질 좋은 고열 탄은 주로 함경북도 안의 공장, 기업소들에 공급된다. 이렇게 석탄을 공급하는 기차는 아오지 철도역에서 학송역까지만 다녔고 이곳에서 다른 지역을 왕래할 수 있는 증기기관차를 갈아타야 한다. 전해 내려오는 말로는 일제강점기 때 탄광마을에 징용으로 끌려 들어온 많은 노동자가 탈출하지 못하게 하느라 역을 연결하지 않았다고 한다. 그렇게 교통도 불편하고 온통 희뿌연 그곳이 내 고향 마을이다. 하지만 나는 지금 그곳에 가고 싶고 그 매캐하던 석탄 연기의 아오지 공기를 잊을 수가 없다.

△ 아오지 위성사진–작게 보이는 저 한동에 10세대가 산다

내 딸이 6살까지 살았던 북한에서 같이 살던 엄마에게 나는 내 딸과 같은 철없는 아이였다. 그때 나는 밖에서 일하고 들어오면 뭔 큰일이나 하고 들어온 듯이 바람을 획획 일구며 '방은 왜 이렇게 널려졌느냐?', '반찬은 왜 이렇게 맛없느냐?', '아이는 어떻게 보았기에 얼굴이 모양이냐?' ···. 온통 투정뿐이었던 내 행동에 울 어머니는 핀잔을 주셨다.

"어이구! 밖에 나갔던 파리도 집에 들어오면 윙~ 한다더니···. 누굴 닮아서 저런 말괄량인지! 쯧쯧~."

남편의 생사를 몰라 울며 한탄할 때에도 딱 한 말씀만 하셨다.

"뒤돌아보지 말고 남편 따라가서 애를 잘 키우거라!"

집 떠나는 날 울타리 짬으로 들여다본 울 어머니···. 흙바닥 마당에 그대로 허물어지듯 누우서서 오열하며 통곡하시는 그 모습이 나의 눈에 남은 어머니의 마지막이다. 내 딸에게 '엄마!'라는 역할도 그렇게 다가왔다. 딸이 태어난 그날부터 철부지 엄마가 자식을 키워야 하고, 억척같이 살아야 하고 그때나 지금이나 나에겐 그렇게 엄마 역할이 어렵다. 그런데 어느덧 이제는 딸 하나가 아닌 아들까지 낳아 키운다. 이런 엄마가 어떻게 살아야 할까? 더구나 사교육 일 번지라고 하는 곳에서 나는 어떻게 아이를 키워야 할까? 엄마 되기도 어려운데 좋은 엄마 되기는 더 어려운 것 같다.

그리고 지금 내 엄마가 눈을 감아도 눈을 떠도 사무치게 보고 싶다. 참으로 아이러니하게도 나는 인간의 초보적인 권리라는 말조차 모르는 엄마가 있는 그곳에 가보고 싶다. 내가 태어나 살았던 아오지 탄광의 벽돌집도 가보고 싶다. 또래 친구들과 방학이면 물고기 잡으러 뛰어다녔던 강가도 가보고 싶다. 이름 없는 내 고향의 산과 들에 자라는 풀 한 포기마저 보고 싶다. 어릴 적 소꿉친구들도 너무 그립다. 사랑하는 엄마랑 언니들과 오빠도 그립다. 내가 알았던 그곳의 모든 사람이 그리워서 눈물이 난다.


사람이 사는 곳이 아닌 생지옥 같은 그곳이지만 나는 지금도 그 땅에서의 모든 추억이 그립다. 어린 마음에 겪었던 일 중에 어떤 어휘로도 표현할 수 없는 공포와 무서움이 가득했던 그것마저도 그립다면 잘못된 걸까? 아마 기억에 중학교 4학년 14살 때인 것 같다. 오전 수업시간이 종료되자 학교운동장에 모이라고 했다. 한 학

급에 50명 규모였고 4-6학년 학생들만 모이다 보니 800명 정도가
군 공설운동장으로 집합하였다. 이미 그곳에는 수많은 학생과 직장
인 등 수천 명의 군중이 운집하고 있었다. 넓은 공터의 중앙에는 3
개의 나무기둥이 설치되어 있었다. 그리고 한참 뒤, 그곳에는 공개
처형대상들이 끌려 나왔다. 입에는 재갈을 물렸고 눈에는 검은 띠
를 둘러서 기둥에 묶어 놓았다.

　조금 있다가 주석단에 높은 간부가 한참 연설을 한다. 수령과 당
을 배반한 반역자라고 죄명을 달아 놓고 신랄한 군중비판도 한참
오갔다. 어린 마음에 들어 보니 김일성이 다녀간 기업의 중요부품
속에 있는 동을 뜯어내 팔아넘겼다는 것이다. 그리고 10명의 사격
수가 각각 10발씩 "탕, 탕, 탕" 하는 총소리가 울렸다. 머리부터 목,

허리로 내려오면서 푹 꼬꾸라지는 그들을 둘둘 말아 차에 신고 획 가 버린 그 현장을 수천 명의 군중은 눈썹 하나 까닥하지 않고 지켜보았고 박수까지 치는 사람들도 있었다. 그렇게 나는 14세 나이에 수많은 우리 또래들과 공개처형 현장을 목격하였다. 가장 앞줄에서 보다 보니 총소리와 함께 머리 뒤로 튀어나오던 허옇고, 벌건 그것을 잊을 수가 없다. 아마도 영원히 나는 잊지 못할 것이다.

남한에서 둘째 아이를 출산하고 10개월이 좀 넘을 때였다. 아이는 조금씩 엄마라는 말을 번질 수 있을 때였고 저녁 뉴스 시간이라 온 가족이 앉아서 TV를 시청하고 있었다. 그런데 옹알거리며 혼자 놀고 있던 아이가 갑자기 자지러지게 우는 것이다. 나는 그 순간, 눈앞 광경에 놀라게 되었다. 아기가 놀라서 운 것은 다름 아닌 TV에 등장한 북한 아나운서의 강한 어투의 목소리였다. 격조 높이 말하는 북한 아나운서의 목소리에서 무서움과 불안을 느낀 아기!

지금도 북한의 수많은 어린이가 그대로 노출되어 성장하는 과정을 너무 잘 알아서 마음이 아프다. 그러나 이것은 극히 일부분일 뿐이다. 매일, 매 순간 극도의 불안에 노출되어 있는데 그것을 전혀 모르고 살았던 그 시절이 나에게는 굉장한 트라우마이다. 감성이 철저히 말살된 국가에서 내 생각을 사실대로 표현하는 것조차 유린된 사회! 지금도 2500만의 국민이 인권불모지에서 살고 있다는 것은 비극이다.

그곳에서 살던 시절, 나에게 권리가 있는지를 몰랐다. 내가 태어난 것도 부모님보다는 당과 수령 앞에 고마워해야 하는 줄로 알았다. 내 생각은 당과 수령의 생각과 조금이라도 다르면 안 되는 줄로 알았다. 사람들과 대화할 때도 내 생각보다는 당과 수령의 생각이 우선이었다. 김일성 사후에도 나는 목이 쉬게 땅에 주저앉아 통곡하며 울었다. 내 부모가 사망한 듯이…. 과거 처음 나간 23일간의 중국체류 뒤 북한 세관 건물 위에 인공기와 김일성초상화가 저 멀리에서 어렴풋이 보이자 눈에서 눈물이 비 오듯 흘러내렸다. 내 조국의 고마움으로….

나는 잘 모르겠다. 정말 내가 반역자이고 도망병인지…. 역사에 묻고 싶다. 과연 나라를 배반한 반역자이고 도망병인지를…. 하지만 나는 그곳의 추억이 그리워서 눈물이 나고 나를 지금은 반역자라고 부르는 그곳에 죽더라도 한 번은 가 보고 싶다.

△ 작년 추석 남해의 이름 없는 민박집 할머니랑

# 3.

## 사랑하는
## 엄마에게

울 엄마는 도대체 나를 어떻게 키우셨고 엄마의 인생을 어떻게 살아 내셨을까? 지금은 어떻게 지내고 나를 얼마나 생각하실까? 당신 딸이 살아서 열심히 일하고, 당신 딸이 살아서 바르게 세상과 소통한다고 말씀드리고 싶다. 문득 그리움에 속으로 나직이 엄마를 불러 보지만, 같은 하늘을 바라보지만 여기에는 안 계신다. 삶의 순간들이 너무 힘들어서 남편과 다투면 엄마가 나 좀 편들어 달라고⋯. 이제는 연로하셨고 정말 많이 아프실지도 모르는데⋯. 살아 계시는지도 모르는데⋯. 그래도 울 엄마는 살아 계실 것만 같아서 꿈에서만 만나는데⋯.

엄마! 꿈에도 보고 싶은 내 엄마!

엄마에게 어떤 말로 먼저 인사를 드려야 할지 그냥 엄마라고 부르기만 해도 가슴이 먹먹합니다. 어릴 적 멀리서부터 우리 집 굴뚝에서 연기가 나면 '엄마가 집에 퇴근해 왔구나!' 하고 가슴 설레면서 뛰어갔던 막내딸이에요. 항상 넘어져서 무릎이 다 까져도 멀리 엄마가 보이면 "엄마~!" 하고 달려가던 막내딸이에요. 아들이 없는 큰엄마네 집에 당신이 이번에 낳는 막내가 아들이면 보내겠다고 약속하셨다죠? 그런데 막상 낳고 보니 딸이라 그냥저냥 기대하지 않으시고 키웠다던…, 천방지축이라 덤비고 부딪히고 실수투성이라 어떤 기대도 하지 않으셨던 막내딸입니다.

초등학교 입학하던 날, 나라의 충실한 전사셨던 엄마는 회사에 출근하시고 혼자서 학교에 입학시험 보러 간 기억이 납니다. 가다가 앞집 송복이와 송복이 엄마를 만나 함께 입학시험을 보았고 엄마 손잡고 간 송복이는 시험에서 낙방하였지요. 혼자 간 내가 합격했다고 저녁에 자랑해도 잔잔하게 웃기만 하시던 그날이 생각나네요. 또래 친구 중에 힘센 친구와 크게 싸워서 선생님께 엄마와 같이 불려갔던 기억도 납니다. 목이 아플 정도로 머리 숙여 체벌을 받고 집으로 돌아올 때 내 손 꼭 잡고 "잘했다!"고 해 주시던 엄마의 인자하던 얼굴도 생각나요.

아~ 참! 고등학교 시절 예비 담임선생님 결혼식 날에 말도 없이 엄마가 소중하게 모으고 아끼던 귀한 그릇세트를 가지고 나가서 선물했지요. 늦은 밤까지 종아리가 부어오르게 혼내시던 무서운 엄마 모습도 생각나요. 또 온 하루를 울며불며 나 학교 전학시켜 달라고, 지금 다니는 학교는 아이들이 너무 싫다고 그렇게 매달려도 안 된다 하시며 끝내 학교에 함께 가 달라는 부탁조차 거절하신 엄한 엄마의 모습도 생각나요.

그런데 엄마! 나 엄마에게 물어보고 싶은 것도 너무 많아요. 내가 태어난 시간은 몇 시고 어떤 태몽을 꾸셨어요? 여기는 남조선의 서울이라는 수도인데요. 다들 아이를 낳으면 태몽과 태어난 시간을 알고 있더라고요. 그게 중요한가 봐요. 그리고 엄마! 엄마는 내가 고등학교 동창과 결혼한다고 했을 때 왜 반대하지 않으셨어요? 살면서 원망이 되는 순간들도 있더라고요. 철없는 막내딸이 아무 남자 만나서라도 결혼해서 사는 걸 원하셨는지, 아니면 엄마가 보시기에도 괜찮아서 응원해 주셨는지.

그게 마음에 너무 설움과 원망이라서 지금의 내 딸에게는 어릴 적부터 "아무 남자나 만나면 절대 안 된다. 네 운명이라고 할지라도 엄마, 아빠의 승인 없이 어떤 남자를 함부로 만나서는 안 된다. 특히 동창과는 더더욱 안 된다!"를 노랫소리처럼 읊조리고 있어요.

사랑하는 엄마! 그리고 내가 엄마에게 정말 평생 후회하는 게 있어서 지금도 꿈속에서 엄마를 만나면 정말 잘못했다고 무릎 꿇고 기도하는 게 뭔지 아세요? 내가 그 땅을 떠날 때 왜 엄마 손잡고 못 왔을까요? 그 순간에는 내가 생명을 내놓고 위험한 길을 가는 거라서 엄마의 손을 잡고 떠나지 못했는데, 지금 생각해 보면 남편과 아이도 함께 떠난 길을 엄마랑 왜 함께 못했을까요? 그게 너무너무 후회스러워요.

엄마! 그리고 엄마에게 자랑할 내 인생의 가장 장한 일도 있어요! 외손자 일우를 낳았답니다. 큰애를 낳았을 때는 엄마가 산후조리를 너무 잘해 주셔서 어떻게 시간이 흘렀는지 모르겠더니 둘째를 낳고 나서 엄마 생각에 남몰래 아기 재워 놓고 베갯잇을 적신 적도 많아요. 그런데 엄마 손자가 얼마나 건강하고 씩씩한지 아세요? 아침에 깨나면 우유에 시리얼을 척 넣어서 먹고, 바나나 3개를 갈아서 한 컵 쓱 마시고 "와~ 맛있다!"를 남발하며 큰소리로 웃어요! 엄마가 어릴 적 또래들과 함께 다니는 나를 보고 앉은 콩밭에 옥수숫대처럼 껑충하다고 웃으시더니 아니 일우가 글쎄 꼭 그래요! 또래보다는 머리 하나가 더 큰 것 같아요.

엄마를 만나면 내가 제일 먼저 하고 싶은 게 뭔지 아세요? 따뜻한 온천물에 엄마랑 탕에 들어가 등 밀어 드리고 싶어요. 그리고 세월의 연륜과 더불어 엄마의 주름살 가득한 얼굴에 볼을 맞대고 나를 낳아 주셔서 고맙고 반듯하게 세상을 바라볼 수 있게 키워 주셔서 너무 감사하다고 큰절 드리고 싶어요. 그리고 엄마가 끓여 주시던 구수한 된장국 먹고 싶어요. 아무리 맛있는 음식이 지천에 널려도 엄마가 끓여 주시던 된장국 한 그릇 생각이 더 간절하답니다.

엄마! 올해 추석에도 멀리 북한 하늘이 보이는 통일전망대에 다녀왔어요. 제사상에 아빠한테 보내는 인사도 드렸고요. 그리고 엄마! 나 지금 아빠 산으로 가는 길이 잘 기억나지 않아요. 산 모양과 아빠 누워 계시는 묘비는 기억나는데…. 철길 넘어서부터도 기억나는데 큰 도로에서 몇 번째 사잇길이던지 기억이 가물가물해져요. 제가 갔을 때 길이 생각 안 나면 어떡하죠? 엄마! 아빠가 하늘에서 잘 계시고 있나 봐요. 그리고 나를 응원해 주시나 봐요. 아프지도 않고 계획하는 모든 일이 다 너무 잘돼서 항상 아빠가 나를 지켜보고 계시는구나 하고 생각하기도 한답니다. 꿈속에서 만나 뵌 날에는 큰 돈도 들어와요!

어제 퇴근하고 집에 들어가니 일우가 할머니 이름을 물어보는 거에요.

그래서 엄마 이름을 불렀더니 옆에 앉아 있던 엄마 사위가 자신의 할머니 이름도 곁에서 부르느라 둘 다 눈물이 글썽했지 뭐에요. 그리고 엄마! 안타깝게도 일우는 할머니 얼굴을 다른 할머니 얼굴로 기억하고 있어요. 여기 유치원에서는 새해나 추석이 되면 할머니 할아버지에게 드릴 인사를 가르쳐 줘요. 그러면 어르신들이 주시는 세뱃돈을 아이들이 받거든요. 큰애는 철이 들어서 왔으니 그런 거 별루 신경을 안 썼었어요. 근데 일우는 유치원에서 배우고 나면 집에 와서 이번 명절에는 꼭 할머니네 집에 가자고 해요. 생각다 못해 작년 추석에 남해에 살고 계시는 어떤 민박집 할머니네 집을 찾아갔어요.

일우가 보고 싶어하는 할머니라고 인사드리라고 하였더니 저렇게 좋아하네요. 엄마! 엄마 손자 씩씩하고 멋지죠? 잘 키울게요. 보고 싶어요. 꼭 살아계셔서 제가 찾아뵐 때까지 건강하셔야 해요. 그날이 꼭 올 거예요. 멀지 않은 앞날에 제가 엄마랑 언니, 오빠를 뵐 수 있을 거예요. 눈을 감아도 떠도 너무 보고 싶고 사랑합니다.

2016년 10월

막내딸 김수진 드립니다.

# 제7장

# 우리에게 남겨진 것들

# 1.

## 통일은 막연한 것,
## 개방은 눈앞이다

통일, 가슴이 뻥 뚫리고 숨이 차오른다. 우리 세대에 과연 통일이 될까? 점점 멀어지는 것 같은 남과 북의 대치상태로 보아 아직 먼 미래에나 가능할 것 같은 요즘이다. 미국의 트럼프 정권에서 대북 강경론자들인 '매파'들이 국가안보를 위협하는 북한을 더욱 강경한 모드로 압박할 것이고 북한 핵 문제를 어떤 식으로든 첫 의제로 올릴 것이라고 한다.

이처럼 통일은 정말 막연한 것처럼 점점 멀어져 간다. 하지만 최근에 탈북한 북한 주민들의 이야기는 북한 내부는 이미 개혁개방의 길을 가고 있는 것이라고 알려 준다. 엊그제 하나원에서 나온 지 20일이 채 안 된 탈북 친구를 만나게 되었다. 고향이 혜산인 친구와 대화를 하면서 북한 현실이 내가 떠났던 10년 전과 많이 달라져 있음을 알게 되었다.

△ 북한 마을 풍경

　남한 연속극 '별에서 온 그대' 드라마를 실시간으로 보았다고 한
다. 그리고 이제는 중국 화폐를 장마당에서 공공연히 쓰고 있고 돈
만 있으면 무엇이든 다 해결할 수 있는 세상이라고 한다. 탈북자 가
족을 북한사람들이 굉장히 부러워한다는 말까지 듣고 나니 더 많
은 탈북행렬이 이어지겠다는 것을 직감하게 하였다. 아마도 북한의
개혁개방은 그렇게 가랑비에 옷 젖듯이 이미 진행형이고 이제는
멈출 수 없는 대세가 되어 버렸음을 알게 되었다.

　북한의 개혁개방에 우리는 어떤 준비를 해야 할까? 대박이란 큰
돈을 번다는 의미도 있는데 그렇게 큰돈 벌 기회를 맞이하려면 개
개인인 우리는 무엇을 해야 할까? 경제교육을 받은 적이 없는 내
생각이지만 일단은 그래도 북한에 대한 시장조사라도 해봐야 하는

것 아닐까? 내가 살았던 북한의 조금씩 달라져 간 시장의 변화에 대하여 나름의 기준으로 설명하려고 한다. 또한, 북한의 시장경제 발전 상황에 따른 탈북자의 양산도 지켜볼 의미가 있다.

탈북자는 북한을 떠날 수밖에 없는 이유가 있다. 북한에서 태어나 언어를 배우기 시작하면서 가장 먼저 배우는 말은 엄마, 아빠 그리고 "경애하는… 원수님 고맙습니다"이다. 또한, 가족사진보다도 더 크게 집안의 가장 환한 자리에 높이 모셔져 있는 사진이 김씨 일가 사진이다. 어린이집을 거쳐 대학까지의 모든 과목 중에는 전공보다 더 잘해야 하는 과목들이 왜곡된 김씨 부자 역사와 활동에 대한 정신교육이다.

어릴 적부터 배우는 노래는 "나가자! 나가자! 싸우러 나가자! … 미국 놈을 몰아내고 … 배고파 우는 남조선 어린이 … 사회주의 조국이 제일이야…" 등등 말도 안 되는 정권을 유지하기 위한 정치선전의 희생물로 살아야 한다. 그렇게 커서 어른이 되면 세상이 다 그렇게 사는 줄로 알고 있다. 또한, 전 인민을 조직이라는 구속으로 묶어 놓고 강연회, 학습, 생활총화, 등 사상비판과 각자 서로 경계하는 구조를 만들어 놓았다.

한 가정의 세대주에게는 매월 상순, 하순에 직장에서 지급되는 배급표로 쌀 1$kg$ 살 돈도 안 되는 것을 월급이라고 주면서 수십 년을 하루와 같이 직장생활을 한다. 이것이 세상과 완전히 단절된 그 나라만의 방식으로 교육받고 성장하고 사회생활을 하고 있던 북한의 우리 부모님 세대이다. 노후대책이라는 말도 모르고 배급으로 그냥 먹고사는 것에 충실했던 1990년대 초반, 구소련을 중심으로 16개 사회주의 국가들이 허물어진다. 이것을 계기로 그동안 북한이 거래하던 사회주의 시장이 무너지면서 무상원조가 중단되자 배급이 줄어들어 수많은 이산가족과 탈북인을 양산했다.

북한의 경제 상황은 2002년도를 기점으로 분석해 볼 필요가 있다. 수많은 기아와 아사를 낳은 1990년대 후반은 북한사회 전반이 아비규환이었다. 한 끼를 마련하기 위해 소장하고 있던 물건들을 내다 팔면서 식량과 맞바꾸어 생활을 이어 나가기 시작하는 형국이 되었다.

가내수공업이 조금씩 생겨나기 시작했고 어떻게 살아야 하루가 아닌 한 달을 살 수 있을까를 걱정하며 조금씩 조금씩 시장경제를

△ 북한의 시장으로 물건 팔러 가는 상인들의 모습

몸으로 알아 나가고 있었다. 이 시절에 많은 북한 여성들이 두만강과 압록강을 거쳐 중국으로 넘어왔다. 여자라서 발붙이기 쉽고, 또 가족을 위해서 선뜻 돈 벌어야겠다는 생각으로 그 무섭고 두려운 여정에 스스로 던지고 있었다. 이들의 탈북이유는 먹고살기 위해서였고 정치이데올로기가 아니어서 남한으로 오고 싶은 마음은 전혀 없었다. 1990년대 후반에 이렇게 넘어온 북한 여성들은 중국내륙에 10만 명이라는 추산도 있다.

  북한에서 장마당은 북한 주민들의 중요한 생계수단으로 이곳을 통하여 상품뿐 아니라 정보가 교환되고 소통이 이루어진다. 장마당은 구역(남한의 구)마다 1-2개씩 있고 군 단위에도 크고 작은 장마당들이 3-5개씩 된다. 북한의 대표적 시장으로는 최대 규모의 도·소매상품이 유통되는 평성시장, 통일거리시장, 중앙시장 등이 있고 황해도 쪽에는 사리원, 해주시장, 함경도 쪽에는 함흥시장과 청진 수남시장, 회령시장, 라선시장들이 특별히 발달하고 물건의 가짓수와 하루 유통되는 현금도 적지 않다.

  북한에서 시장이 활성화되던 시기는 2002년 7월 1일 "새로운 경제관리체계를 구현한 데 대하여"라고 하는 명령 발표 때부터였다. 300만 명의 대량 아사자가 발생하고 국가의 식량 공급체계가 완전히 끊어졌던 1992-1998년 사이에는 장마당이 시장경제라기보다는 집에 가지고 있던 물건을 내다 팔아 식량을 마련하여 죽이라도 쑤어먹던 생존을 위한 바꿈터였다. 그러던 북한 장마당은 2000년

△ 함경북도 청진시 수남구역 장마당의 위성사진—함경북도에서 가장 크다

△ 북한 청진수남시장 장마당 풍경

을 기점으로 서서히 발전하기 시작한다. 그냥 살겠다고 식량을 바꾸던 사람들이 종잣돈을 알아 가기 시작하자 북한 장마당은 각종 정보와 시대의 흐름을 읽을 수 있는 소통의 장으로 발전하게 되었다. 드디어 북한 정부에서도 장마당에 대한 시장 관리 규정을 내오고 행정단위별로 시장관리소를 내었다.

시장에서 가판대가 등장하기 시작한 것은 2001년 무렵이었다. 그냥 먼저 출근하는 사람이 자리를 잡아 돗자리를 펴서 장사하던 것이 시장관리소가 나오면서 자리가 정해지고 65×65cm의 자리 탁자가 만들어진다. 좀 더 좋은 곳에 자리를 잡기 위한 시장관리소와의 물밑거래가 시작되자 매일 5원씩 하던 장세가 하루 100원으로 20배 이상 올라가게 되었다. 이 때문에 지역인민위원회 상업과에서 별치 않게 여겼던 시장관리소 권한이 막강해지고 행정구역에서 제기되는 모든 문제는 시장을 통해서 해결되게 된다.

함경북도 청진시 포항구역을 예로 들면 포항장마당의 전체 판매원 수는 1500-2000명을 웃돈다. 1인당 가판대는 65×65cm이며 보통은 아침에 7시부터 저녁 9시까지 운영하나 총동원 기간이나 나라의 정세에 의하여 운영시간의 변화가 많다. 남북 간의 정세가 긴장하거나 민방위 훈련 중에는 3-7일씩 장마당을 운영하지 않으며 농촌동원을 비롯한 총동원 기간에는 운영시간이 하루 4-5시간으로 짧게 운영한다.

장마당이 운영되지 않는 날이면 주변이나 골목에 모여서 물건을 파는데 인민보안원이라고 하는 지역보안서(한국의 경찰서)에서 출동

△ 함경북도 청진시 포항구역 장마당의 위성사진

△ 북한 청진시장 장마당 풍경

하여 물건을 회수하거나 단속한다. 시장에서 가장 장사가 잘되고 돈을 잘 버는 그룹은 당과류(식품) 매대와 의류 매대이다. 모든 매대에 반장이 있고 시장관리소의 지시는 각 반장에 의해 집행된다. 반장은 매대의 최고 위치에 자리를 잡을 수 있다. 시장의 그룹은 아래와 같이 세분되어 있다.

| | |
|---|---|
| 당과류 매대 | 술, 맥주, 사탕, 과자, 빵, 음료수, 라면, 통조림 등 식품 일체. |
| 담배 매대 | 국내산 담배와 외국산 담배로 갈라져 있음. |
| 쌀 매대 | 쌀, 옥수수, 기장, 보리를 비롯한 일체의 곡물류, 제분도 취급함. |
| 철물 매대 | 각종 공구, 못, 차량부속, 자전거부속, 기계부속, 전기용품, 열쇠 등 각종 철물제품과 카세트 비디오물도 취급함 |
| 화장품 매대 | 여성화장품, 남성화장품, 일부의 기념품 취급. |
| 그릇 매대 | 플라스틱 그릇, 전기밥솥을 비롯한 주방용품, 국그릇, 접시, 밥공기 등 그릇류 취급. |
| 약 매대 | 의약품취급. |
| 잡화 매대 | 책, 도서, 문방구제품. 아기 장난감, 완구도 취급. |
| 조미료 매대 | 참깨, 고춧가루, 소금, 식소다, 식초 등 조미료 일체. |
| 과일 매대 | 국내산, 수입산과일 전문, 겨울철 가지, 오이 등도 과일로 취급함. |
| 음식 매대 | 떡, 순대, 발족, 튀김류 등 즉석음식 취급 |
| 채소 매대 | 야채, 고사리, 배추, 무우등 각종 채소 취급 |
| 고기 매대 | 정육만 취급(소고기는 팔 수 없음) |
| 생선 매대 | 생선만 취급 |
| 석탄 매대 | 나무, 석탄 등 땔감취급 |

| 동물 매대 | 닭, 오리, 토끼, 강아지 등 살아 있는 동물을 취급 |
|---|---|
| 국수 매대 | 옥수수나 밀가루로 가공한 국수만 취급(북한에서 저녁 한 끼는 거의 국수를 먹으므로 이 매대도 꽤 큼) |
| 의류 매대 | 의류 신제품 판매 |
| 중고옷 매대 | 입던 옷이나 외국에서 수입해 들어온 구제의류 취급 |
| 신발 매대 | 신발, 장화, 군화, 작업신발 등을 취급 |

　시장상인들의 늘어남에 따라 새로운 시장도 계속 오픈하였다. 원래 장마당의 위치를 정할 때 자본주의 온상이라고 하여 외곽으로 배치하였다. 그러나 새로운 경제관리 개혁에 대한 발포가 나서부터 장마당의 위상이 검증되기 시작하였다. 이제는 김일성 동상과 광장, 도경기장을 비롯한 청진 시내 중심에 2004년 6월부터 공사를 시작하여 그해 10월 1일 정식 오픈하였다.

△ 함경북도 청진시 포항구역 수원장마당

이미 자리 잡힌 수남시장이나 포항시장보다는 발전된 장마당으로 공사하여 시장 내에 짐 보관실을 구축하고 입구에는 에스키모 (아이스크림 가게)가게, 전자오디오가게 등 앞쪽으로 신매대를 내와 기존 시장과는 차별화를 두었다. 포항시장과 수남시장 상인들이 첫 개업을 하여 포항시장의 주 구매고객들이 수원시장으로 발길을 돌리는 실정이다. 이처럼 시장경제가 발전함에 따라 신흥재벌이 나올 수 있는 환경이 무르익어 갔다.

2。

북한을 제대로
알고 시작하자

북한의 신흥재벌 탄생에 대한 좋은 예로 함경북도 청진시 남강
판매소 홍춘 소장에 대한 이야기가 있다. 앞에서 살펴본 청진시에
있는 포항시장에 홍춘 소장이 나오는 날이면 시장은 술렁댄다. 그
가 오는 날은 평양으로 갈 출장용 물품을 구매하는 날로서 온 시장
상인들의 관심과 선망의 대상이며 인기 절정이다. 특히 식품 매대
의 일본산 제품과 동남아시아 제품들은 없어서 못 팔 정도이다. 주
로 구입하는 물건은 일본산 제품인 레드, 산토리, 아사히맥주, 기린
맥주 등과 동남아시아의 람술, 러시아의 보드카 등 주류이며 일본
산 초콜릿과 빵을 비롯한 식품도 있다.

그가 남강판매소에서 1회에 구매하는 가격은 일반 주민들의 상
상을 초월하는 금액이다. 간단한 예로 레드술은 2006년도 북한에
서 1병에 22,000원이었다. 쌀 1kg의 가격이 900원 할 때였고 환율

은 북한 돈 36만 원에 100$ 정도 되었다. 12병이 들어 있는 레드술 1박스는 26만4천 원이나 되었다. 그는 이것을 한번에 10박스까지도 구매했다. 또한, 같이 구매하는 일본산 단팥빵 10개 입이나 초콜릿 50개 입 1박스의 가격은 당시 북한 돈으로 38만 원정도였으니 100$가 넘어가는 가격이었다. 이런 고가의 외국 식품들을 한번에 10박스 이상씩 종류별로 구매하면 시장의 총 물량에도 모자랄 정도였다. 남강판매소는 식품뿐 아니라 화장품을 비롯한 고급기호품들도 대량 구매를 하므로 그날은 온통 남강판매소 물량을 맞추는 것으로 큰 매출이 발생했다.

이렇게 구매한 물품들이 가는 곳은 어디일까? 평양의 고위급 간부들의 뇌물이 되어 남강판매소 홍춘 소장이 아무 막힘없이 사업할 수 있는 위력이 되고 막강한 돈의 파워로 엄청난 재력으로 돌아온다. 조선인민군 총정치국 7총국 외화벌이 남강판매소 홍춘 소장은 이러한 힘의 위력으로 회령, 삼봉, 남양, 무산을 비롯한 함경북도의 교두를 통하여 식량과 생필품 무역을 광활하게 할 수 있었다. 또한, 거대자본을 가지고 청진항을 통한 일본과 동남아시아의 무역선 하역작업과 식량 공급을 비롯하여 그 누구도 당할 자가 없을 정도로 성장할 수 있었다. 중국의 무역회사들은 남강판매소 홍춘 소장에게 이제는 외상으로라도 물건을 주지 못해 안달이 났고 홍춘 소장과의 인맥을 열기 위해 세관장들과 뇌물작전을 하는 등 그는 신흥재벌로 급부상하게 된다.

당시 한국 적십자에서 보내 준 식량은 노란색 포장지에 '대한민국'이라는 진한 녹색의 글씨가 선명한 40kg 포장이었다. 청진항에 식량이 도착하면 우선 군부대에 보내질 물량 외에는 홍춘 소장이 현금으로 모두 구매한다. 회령을 비롯한 국경까지 가서 중국 쌀을 들여오는 기름과 인건비를 절감할 수 있는 청진항 식량을 절대로 남에게 양보할 수가 없었다. 또한, 함경북도 고위급 간부들이 보기에는 한 번에 거금을 회수할 수 있는 대상, 후에 말썽이 없을 대상 등 자기들의 이해 목적으로 홍춘 사장을 써먹기에 안성맞춤이었다. 이렇게 사들인 식량은 그대로 남강판매소로 이송되어 다음에 들어올 수 있는 기간까지 환산하여 가격을 책정하여 도매한다.

만약에 청진항에 들어오기로 한 쌀이 남북관계가 변하여 늦어진다면 그것은 '대한민국' 브랜드 쌀을 가지고 있는 홍춘 소장에게는 가격을 대폭 올려 기간을 정할 수 있는 실권이 주어진다. 이렇게 홍춘 소장 손에 북한의 식량 가격이 달려 있다는 말까지 스스럼없이 나오게 되었다.

신흥거부로 점점 성장하는 홍춘 소장을 북한에서 가만둘 리가 없다. 내 기억에는 2004년 10월경부터 시작된 것 같다. 드디어 하늘 아래 무서운 것 없던 홍춘 소장에게도 무서운 먹구름이 소리 없이 다가오고 있었다. 함경북도 당 책임비서의 조언도 그에게는 소용이 없었다. 폭등하는 식량 가격 속에서도 자기를 과신한 홍춘 소장은 남강판매소의 식량 창고에 쌓여만 있는 '대한민국' 쌀포대의 가격을 내리지 않았다. 그것은 도당책임비서보다 더 높은 중앙당의 관리를 받는다는 과신으로 도당의 지시를 들을 리가 없었다. 더욱이 다음번 물량 입고까지는 기약이 없었고 그동안 상급기관에 조달한 자금도 많으니 이번 기회에 더 큰 폭리를 취하고 싶었을 것이다.

그러는 홍춘 소장을 북한의 지도부가 정리할 때를 기다리고 있었다. 일본에서 수입하여 온 중고자동차 40대가 일본산이라는 말도 안 되는 이유로 청진 앞바다에 수장되는 것을 시작으로 홍춘 소장은 막강한 날개가 부러지는 것을 느끼게 된다. 그것은 최고사령관 명령이었고 그 누구도 거부할 수가 없었다. 그 일을 계기로 평양으로 소환명령을 받던 날! 그래도 그에게는 그동안 나라에 쌓은 공과 지도부에 준 뇌물로 혹시나 하였을 것이다. 하지만 2개월간의 사상단련은 그에게 '세상이 내 편이 아니구나!' 하는 허무함을 안겨주었다.

20대에 난동질로 30대에 구치소생활을 4년간 하였지만, 출소 후에는 열심히 살겠다고 돼지를 도축하여 판매하는 정육 장사부터 시작한 그였다. 그래서 새벽부터 밤늦게까지 열심히 일하던 평범한 청년에서 지금의 위치까지 성장한 홍춘 소장이었다. 그 열정으로 모은 돈을 가지고 작게 시작했던 운송업이 이제는 나라의 큰 회사로 성장하고 부와 명예도 남부럽지 않았다.

그는 자신이 못 이룬 꿈을 자식에게서 빛을 보려고 어렵사리 평양 금성 제1고등학교에 보낸 아들이 있었다. 해마다 설날이면 축사를 하면서 TV에서 생방송으로 시를 읊던 눈에 넣어도 아프지 않을 귀여운 아들이었다. 비록 청진에서 다른 여자와 애정 관계가 있다

할지라도 평양의 보천보전자악단의 김광숙이 살던 아파트에서 아들 뒷바라지를 하고 있던 조강지처 아내도 있었다. 그들의 미래를 생각하며 힘든 줄 모르고 지치지 않던 홍춘 소장에게 드리운 검은 구름은 그렇게 비를 뿌리고 우레를 치며 거침없이 벼락을 동반하였다.

이렇게 세상 무서운 것 없던 홍춘 소장이 보위부 밀실에서 총부리를 앞에 놓고 무릎 꿇고 빌었다. 제발 목숨만 살려 준다면 함경북도의 식량 배급은 자신이 맡아서 풀겠다고…. 아직은 해야 할 일들이 너무나 많으니 제발 살려달라고…. 그렇게 애걸하는 홍춘 소장에게 그가 헌신했던 조국은 단 1m 앞에서 15발의 총탄을 무차별적으로 갈겨 사살하였다. 2007년 처형된 홍춘 소장의 죄명은 '나라의 백성이 굶는데 자기 잇속을 채우려고 식량을 풀지 않은 죄'였다.

북한 시장 개혁의 역사에는 기록이 남아 있지 않겠지만, 2000년도에 들어서면서 함경북도 무역에서 큰 획을 그었던 남강판매소의 홍춘 소장의 인생은 그렇게 끝났다. 남아 있던 직원들 모두가 혁명화 대상지로 추방되었고 약간의 이익관계가 있는 사람들은 다 뿔뿔이 흩어졌다. 그리고 남강판매소와 홍춘 소장의 모든 재산은 나라에 귀속되었다. 지금도 제2의 홍춘 소장이 만들어지고 없어지고를 반복하는 세상이 북한이다. 이처럼 우리가 통일은 대박이라는 현실에 발을 맞추려는 북한의 현실은 냉혹하다.

지구 상에 북한사회와 같이 수평과 수직으로 잘 짜여 있는 조직 체계를 갖춘 국가는 전무후무할 것이다. 태어나 언어를 알아 가기 시작하면서부터 배우는 것이 김부자 칭송에 대한 역사교육이다. 탁아소, 유치원에서 '도록'이라는 과목을 넣어 매일 외우고 반복하게 하며 고마움에 충성 다하는 교육이 시작된다. 초등학교에 입학하여 2학년이 되는 8세부터는 조선소년단에 입단하게 되며 소년단원이 된다. 중학교에 다니면서 4학년이 되는 14세 이상부터는 김일성사회주의 청년동맹에 가입하며 청년동맹원이 된다. 성인이 되면 당과 국가에 충성심이 넘치는 순위가 매겨지는 조선노동당에 입당하게 되며 당원이 된다.

성인이 되었지만 당원이 못 되면 남성은 직맹원, 여성은 여맹원이 된다. 개인에 대한 조직에서의 역할로 육체적 생명은 유한하지만, 정치적 생명은 무한하다고 세뇌를 시켜 김부자 당의 유일 사상체계 확립을 주목적으로 한다. 결국, 북한에서 태어나면 수령숭배와 제도의 우월성만을 고취할 뿐 개인의 권리나 인격은 철저히 말살된다. 매주 2회씩은 학습회, 강연회, 김부자 혁명역사에 대한 거짓된 교육이 일관되며 토요일은 전 군민이 생활총화를 한다. 생활총화는 자기 생활총화와 타인에 대한 비판으로 마감된다. 학교와 직장뿐 아니라 주택 5호담당제도와 20호 규모의 인민반 활동 등 사회활동 전반에 오랜 기간에 걸쳐 수평과 수직으로 잘 짜여 있는 조직적인 규율은 이후에도 쉽게 바뀔 수 있는 구조가 아니다.

통일은 대박이라는 거창한 표현과 숨이 멎을 듯했던 순간도 바뀌었다. 이제는 자유롭게 왕래하고 교류하며 서로서로 배척하지 아니하고 다르다는 것을 인정하는 분위기가 통일이라고 생각한다. 남북한의 긴장대치로 인하여 사실상 잃을 것이 많은 쪽은 남한이다. 북한은 측정할 수 없는 비확실성의 공동체이다. 권력을 가진 자들이 결정하면 수천만의 국민을 하나와 같은 규율로 묶어 허리띠를 졸라매게 할 수 있고 세계적인 위상이나 어떠한 분석이 필요 없는 집단이다.

내가 본 남한은 분명하고 확실한 국가지만, 북한과의 대치상태로 인한 불안한 형국은 외국인 투자자들을 비롯한 글로벌 금융이 출렁이고 위기의식을 느끼게 한다. 이처럼 북한 관련 작은 뉴스 기사에도 극도로 예민하게 반응하는 남한경제를 보면 북한의 전초기지처럼 여겨진다. 북한이 노리는 것도 바로 이것이다. 자기들은 잃을 것이 없다고 생각하고 북한이 없는 지구는 없다는 망발을 해대고 있다. 이러한 북한의 지략적 노림수에 절대로 당하면 안 된다고 생각한다.

지금 북한이 원하는 것은 관심이다. 남한을 비롯한 많은 국가가 목소리를 높여 핵 억제력을 강조할수록 북한은 더 집착할 가능성이 굉장히 크다. 사실상 아무런 관심조차도 아깝다고 생각하고 스스로 지치게 놓아두면 갈 데까지 간 북한으로선 선택할 수 있는 카드가 없다. 제제를 통하여 북한으로 들어가는 돈줄을 막고 북한의 어떤 핵 위협에도 대응하지 않음으로써 그들만의 소모를 지켜본다면 분명히 시간을 단축할 수 있다. 통일은 남한의 경제적 발전을 위해서라도 꼭 필요한 필수선택이라고 생각한다. 세계 경제가 불확실한 위기를 겪고 있는 상황에서 남한의 경제성장을 위해서는 안정된 정세와 투자환경을 만들어야 한다. 그렇게 통일은 막연하지만 언젠가 꼭 올 것이고 현재 북한의 개혁개방은 진행형이며 이것 역시 크나큰 기회라고 생각하고 준비하여야 한다고 생각한다.

# 3。

# 남한에 사는
# 탈북민들에게

하나원 퇴소가방을 들고 10평 안팎의 임대아파트에 도착해 사회 첫 밤을 지새우며 생각하는 어두운 미래, 겁에 질린 얼굴과 강한 북한사투리, 확 튀는 촌스러운 옷차림에서 행동까지 남한에 내려온 북한사람 누구나 첫 모습은 똑같다. 하지만 시간이 많이 지난 지금 당당한 삶을 용기 있게 사는 사람들과 아직도 물 위에 기름처럼 남한사회에서 떠도는 삶이 있다. 뭐라고 평하지는 않는다. 다들 나름대로 최선의 삶을 살고 있을 테니까. 하지만 누군가 해야 하고 북한사람이 정착하는 데 도움되는 노하우를 공유하여 이들이 조금이라도 더 빨리 만족한 삶을 살기를 바라는 마음에 이 글을 적는다.

누가 오라고 해서 온 곳이 아닌 땅이다. 누구에게 알아 달라고 하소연하지 마라. 우선 현재 어느 위치에서 무엇을 하든, 어디에서 누구를 만나든 귀를 열고 들어라. 회사에서 동료들과 웃으며 듣기만 하면 싫어하지 않는다. 많이 들어서 일단 상대에 대해 파악을 하면 대충 성격을 알 수 있고 싫어하는 것이 무엇인지 알 수 있고 어떻게 하면 좋은 관계가 유지되고 도움받을 수 있는지를 잘 생각해 보는 것이 첫 과제다. 어떤 공동체에서 누구를 만나든 상대의 말을 잘 들어 주고 웃는 모습으로 항상 지내면 말하지 않아도 주변에서 좋은 사람인 것 같다는 이미지가 심어진다. 그때 가서 생각하고 느끼는 바를 솔직하게 말해도 늦지 않다.

북한사람의 단점 한 가지, 먼저 통성명하고 이러저런 사회 불만과 현실에 부적응된 자기를 과감히 드러내는 화끈한 성격이 누구에게도 곱게 보일 수가 없다. 남한사회는 냉정한 자본주의 사회이다. 여기서 관심을 받는 것 자체가 살아가는 데 큰 도움이 된다. 그 관심은 내가 나를 알리는 것보다는 상대가 나를 알아 줄 때 크게 도움된다는 것을 명심하자.

남한에서 창업하고 고향 사람들을 직원으로 쓸 때 가장 안타까운 점은 먼저 상대에게 약점을 보인다는 것이다. 한번은 설비업자를 불러서 장비 수리를 하는데 직원에게 맡기고 갑자기 외출해야 할 일이 있었다. 급하게 일보고 가게로 왔더니 생각보다 진척이 더

디었고 마무리 역시 마음에 들지 않았다.

"북한에서 오셨다면서요? 전기증설 아세요? 한전에 신청하세요. 다음에 또 고장 나면…."

더욱이 업자가(내가 오늘 일당 주는 입장인데…) 한참 뭐라 하는 것이었다. 업자가 돌아가고 나서 직원에게 물어보았다. 내용인즉슨 직원은 자랑삼아 우리 사장이 한국에 온 지 얼마 안 된 북한사람이고 이 가게도 창업한 지 2년차인데 벌써 여러 곳에 지점이 있으며…. 그리고 사실은 이 가게가 전기증설을 해야 하는데 현재 용량이 작아서 어제 차단기가 떨어졌었다, 이거 인수할 때 이미 장비가 안 좋았다는 등….

물론 얘기를 나눌 수 있다. 하지만 여기 우리가 살아가야 하는 사회는 자본주의의 냉정하고 각박한 세상이다. 내가 어느 정도의 깊이가 있기 전까지는 상대에게 약점 잡힐 수 있는 사슬구조에 얽어 있는 세상이다. 입을 여는 순간 상대는 나의 단점을 다 파악하고 이길 수밖에 없는 유리한 위치에서 게임을 즐긴다. 때가 온다. 당당하게 북한사람이지만 나도 잘할 수 있다고 장담할 수 있는 때가 온다. 그때까지는 절대 함부로 나서지 말고 뒤에서 지켜보면서 어떤 인연과도 슬기롭고 현명하게 잘 관계를 맺기 바란다.

북한사람이 자기가 북한에서 온 것을 가장 싫어하는 시기가 있다. 하는 일에 자신감이 없고 누가 봐도 자신이 북한사람이라 무시하는 느낌이 있을 때…. 그리고 인정받지도 못하는 사회생활과 동료 관계에서 모든 것이 북한사람이라서 불이익이 받는다는 생각이 들 때.

북한사람이라면 누구나 여러 번 느낄 수밖에 없는 감정들이다. 이럴 때, 낼 죽어도 오늘은 갈 데까지 가 봐야 직성이 풀리는 행동들이 있다. 같은 처지의 고향 친구끼리 술자리를 4차 5차까지 달리면서 신세 한탄과 세상에 대한 저주로 눈이 퀭해질 때까지 몸부림치다가 다음 날은 결국 출근을 못 하는 일. 또는 감당하지 못할 쇼핑, 미친 듯이 소리 지르면서 클럽에서 흔들다가 부킹 상대와 막장까지 가는 일 등 막상 해보면 더 큰 공허함과 숨 막힘이 찾아온다.

그리고 아무리 몸부림쳐 봐도 모두 본인이 감당하지 않으면 안 된다. 문득 떠나 버릴 수 있는 땅이 아니다. 그렇게 신용 불량 되면 두 번 다시 회생이 어렵고 많은 시간을 후퇴한다. 정신줄 놓지 말고 현명하게 상황을 판단하여 너무 많은 날을 잊어버리지 말아야 한다. 어차피 밤이 새고 새날이 오면 살아가기 위해 돈 벌어야 하는 인생들이다. 어차피 명품으로 몸을 감아도 푹푹 풍기는 북한 티는 벗기 힘들다. 어차피 부킹 상대에게 진심 어린 정을 줘 봤자 원나잇이다. 기준을 정하고 웬만하면 선을 넘지 않는 연습을 수없이 해야 좀 더 빨리 만족한 삶을 살 수 있다.

　그렇다면 북한사람이라서 가지고 있는 장점은 없을까? 있다. 있어도 아주 큰 장점이 있다. 우리는 죽을 수도 있다는 각오로 이 땅에 온 사람들이다. 우리가 국경을 넘을 때 앞날이 없을 수도 있었다. 인간이 태어나 그런 경험은 아무나 하지 못한다. 더욱이 그런 일이 닥쳤을 때 그것을 이겨 내는 결단은 아무나 하지 못한다. 지금 우리의 삶은 죽었을 수도 있는 사람이 살아서 보여 주는 기적 같은 삶이다. 그래서 가진 것은 없지만, 용기와 건강한 정신력은 누구도 따를 사람이 없다. 이거면 된다.

△ 창업성공스토리 강연

## "1%의 승률에 도전하라"

남한사회에서 태어나 살아온 사람들은 안전한 자금력과 학연, 지연, 경험, 배움 등 높은 승률의 안정성이 확보되어야 창업한다. 하지만 우린 어차피 보너스인생을 살기에 안정성 있는 선택을 하자면 오랜 시간과 끝없는 기다림으로 포기할 수밖에 없다. 생각해 보라, 그런다고 달라질 게 뭐가 있는가? 각각의 위치에서 정신력으로 최선의 결과물을 만들어 가는 당찬 도전정신만이 우리가 가진 전부이다.

대신에 1%의 승률에는 목숨을 걸어라! 그런 정신이라면 아무도 못 이긴다. 시간은 짧아야 한다. 우리는 단거리경주에선 최고의 정신력으로 이길 수 있는 구조를 타고났다. 짧은 시간에 남들이 이루지 못한 많은 것을 이룰 수 있다. 그것이 무엇이든, 물론 각자의 방법과 목적이 달라야 한다. 물론, 아무나 이렇게 한다고 해서 삶이 질이 좋아지는 것은 아니다.

창업의 경우 절대 아무나 하면 안 된다. 하지만 하면 이길 수 있는 사람들이 있다. 부부라든지, 엄마와 딸이라든지, 가족이 손 맞잡고 목숨 걸고 하면 짧은 시간 동안은 이긴다. 그렇지만 중장기전은 우리에게 내공이 부족하다. 짧은 시간 안에 많은 숙제를 풀고 답을 내고 얼른 새로운 곳에서 새로운 시도로 새로운 시험을 이겨 내라. 반드시 이긴다.

## "책을 읽어라!"

책이 너무 좋다! 퇴근길에 교보문고에 들러 본 적 있는가? 저녁 9시 30분 교보문고의 영업마감시간 방송을 한 번이라도 들어 본 적이 있는가? 없다면 오늘부터라도 해보라! 얼마나 많은 사람이 그렇게 살고 있는지를 폐부로 느껴 보라!

어떤 책을 읽어야 할지 잘 모르겠으면 베스트셀러 진열대에 있는 책들부터 읽어 보라. 책을 읽고 나서는 책값을 꼭 보기를 바란다. 나오면서 '오늘도 나는 책값만큼을 벌었구나' 하는 자신감을 느낄 수 있다. 그리고 어떤 일을 하든 전공분야에서 전문가가 되라. 할 수 있다. 우리는 너무나 하얀 종이다. 때 묻지 않은 하얀 종이에 써진 글은 또렷하게 잘 보인다. 우리는 그렇다. 할 수 있다.

## "소유욕을 멀리, 높게 두라!"

너무 가지고 싶은 것이 많다. 널렸다. 내 집에도 이쁘게 가져다 놓고 싶고, 너무너무 쓰고 싶고 입고 싶은 것들이 널렸다. 아무리 보지 말자고 해도 계속 보이고 머릿속에서 떠나지 않는다. 그런데 그런 것을 모두 소유한다고 해도 더 욕심나는 물건들이 또 널렸다.

방법이 있다. 꼭 가지고 싶은 것들을 글로 쓰고 머릿속에 넣어 둬라. 그리고 계속 생각하면서 샀다고 생각했을 때를 그려 보라. 물건으로 생긴 욕심은 또 다른 물건에 대한 집착으로 돌아간다. 가지고 싶은 물건을 살 수 있는 여건이 되더라도 그 시간을 길게 가져가라. 그렇게 마음과 정신을 굳혀라. 굳은 땅에 물이 고인다. 탈북민이라서 못 한다는 이유가 없다. 우리가 꼭 잘사는 날이 온다. 그때를 그려 보자. 그러면서 힘들지만 지금을 건강한 정신력으로 이겨 보자!

북한이 고향인 나이 드신 어르신들에게…

건강한 정신력을 가진 젊은 새터민 자녀들을 키우시라 권하고 싶다. 많은 인생 경험으로 젊은 자녀들이 성장할 수 있도록 밑반찬도 챙겨 주시고, 집일도 봐 주시고, 혈연의 인연으로 만드시면 바라보는 것만으로도 흐뭇한 새로운 대리만족을 하실 수 있을 것이다.

혼자 온 여성 탈북민들에게…

함께 생각을 공유할 수 있는 나만의 인연을 얼른 찾아라! 어떤 것보다 중요한 것은 생각을 현실로 함께 만들어 갈 나만의 백기사가 필요하다. 혼자서 할 수 있는 것은 공부밖에 없다. 공부는 현실에서 살아가기 위한 학습에 불과하다. 냉정한 사회의 현실을 이길 수 있는 것은 경험이다. 혼자서 열심히 한 공부를 함께 꽃피울 수 있는 나만의 인연을 얼른 만나는 것이 시간을 단축하는 중요한 방법이다. 경제력이나 직업도 좋지만, 나만의 인연으로 가장 중요한 점은 죽음을 각오하고 함께 만들어 갈 수 있는 건강한 정신력이다. 이거면 좀 늦게 시작한 삶도 이길 수 있다.

혼자 온 남성 탈북민들에게…

과연 설 자리가 없는 곳이 자본주의다. 눈을 딱 감고 현재 나이까지 가장 잘할 수 있는 일이 무엇인지 사색하라! 있다! 분명히 있다.

그것으로 승부를 보라. 그것만 연구하라. 그리고 그것을 남한사회에서 어떻게 협업할지를 보면 길이 보인다. 그리고는 거기에 십 년을 묻어라. 반드시 성공한다. 북한에선 구들쟁이, 목수쟁이…. 무에서 유를 창조하며 살았던 삶이 남한에서는 그대로 장인의 삶이다. 본인의 인건비는 십 년을 묻은 그곳에서 책정될 것이다. 장인의 인건비는 아무나 정하지 못한다. 힘든 시간을 잘 견디면 새로운 길이 보인다.

우리네 삶은 우리가 죽었다고 생각하는 고향 사람들에게 살아 있다는 것을 보여 줘야 할 의무가 있다. 그리고 우리는 '반역자'나 '도망병'이 아닌 시대의 선구자였음을 알려 줘야 할 의무가 있다. 아직도 북한에서 당신 같은 동생이 없다는 형제들, 당신 같은 자식이 없다는 부모님들, 함께 공부하고 뛰어놀던 소꿉친구들이 당신의 삶을 비난하고 있다. 그런데 정말 우리가 비난받을 삶인가. 시대를 잘못 타고난 비운의 운명이었음을 그대들도 알아야 하는데, 그것을 알게 해 줄 날이 우리 대에 꼭 온다.

# 4。

# 북한 여성을 아내로 맞으려는
# 남한 남성들에게

남남북녀 결혼은 2000년대 초반에 시작되었다. 당시에는 탈북여성에 대한 정보도 부족하고 인터넷 홈페이지도 없이 영업하였다. 그 시절 주변에는 북한 여성을 만나서 잘 사는 커플들을 보고 많은 남한 남성들이 북한 여성을 만나고 싶어 했다. 그 점을 이용하여 결혼중개업자들이 북한 여성을 무조건 순수하고 착하다는 이미지로 만들어 많은 농촌 총각이 계약하였지만 대부분 돈만 날리고 성혼까지 가지 못했다.

이러한 일부 업체들의 잘못으로 인한 피해는 자유를 찾아 남한으로 목숨 걸고 탈북한 북한 여성들에게도 많은 상처를 남겼다. 또한, 견실한 가정을 갖길 소망했던 남한 남성들에게는 가입비로 인한 물질적인 피해만이 아닌 전체 북한 여성에 대한 비하의 문제들로 이어졌다. 그러던 북한 여성과의 결혼이 또 한 번 격변의 시기를

△ 2015년 개최한 남남북녀 파티

맞이한다. 2012년 3월부터 방영된 채널A의 '이제 만나러 갑니다'
프로그램이 탈북미녀들의 출연으로 인기를 끌면서 다시금 남한 남
성들의 주목을 받았다. 그리고 프로그램에 출연한 북한 여성들의
이야기로 그들의 생활상과 현실을 너무나도 잘 알게 된 남한 남성
들이 앞다투어 북한 여성결혼정보회사의 문을 두드렸다. 사실 내가
남남북녀 결혼을 사업으로 만들어 보자고 사이트를 오픈하고 사업
을 시작할 때는 2011년 12월이었다.

　그때만 해도 탈북한 여성이 대표로서 직접 탈북여성 매니저를
두고 결혼정보업을 시작하는 회사는 3개 미만이었다. 지금은 전국
에 북한 여성결혼정보업체는 셀 수 없이 많이 생겼고 북한 여성이
대표로 운영하는 회사들도 서울, 부산, 광주, 대구 등 전국에 수십
개가 된다. 하지만 이러한 결혼정보업체가 낳은 수많은 피해사례

가 부풀려져 언론이나 인터넷 등 각종 매체에서 북한 여성결혼업체 하면 사기꾼 집단, 악질업체라는 이미지로 남아 있다. 최근까지 이러한 인식은 계속되어 이것을 극복하려면 업체들의 진정성 있는 매칭이 중요한 역할을 담당한다고 생각한다. 거기에 앞서 북한 여성과의 결혼은 북한 여성의 숫자가 가장 중요하다.

1990년대 북한의 아사로 시작된 탈북현상이 최근에는 많은 정치적 이념으로 인한 탈북으로 이어지고 있다. 현재 우리 주변에는 3만 명 이상의 탈북민이 살고 있다고 한다. 이들 중 80%가 여성이라고 생각한다면 대략 숫자로는 2만4천 명 정도가 된다. 그리고 이들의 남한생활 기간은 15년 이상부터 몇 달 사이가 될 것이다. 북한 이탈주민 정착보호법은 남한 입국일로부터 5년이라고 제한하고 있다. 5년이면 어떤 곳에서 살아가든 어느 정도는 사회 시스템을 알고 자립할 수 있다고 보는 기간이기 때문이다. 이 기간에 홀로 온 북한 여성들이 외롭게 혼자서 남한사회를 이겨 내기에는 너무 혹독한 시간이다.

특히 남남북녀 결혼정보업체의 문을 두드리는 남한 남성들의 연령대를 살펴볼 때 이상형으로 선택하려는 탈북여성의 나이는 20-40대 초반 여성들이다. 남한에 정착하여 10년을 넘은 여성의 경우 그중 80% 이상은 가정을 이루었다고 본다. 여기에서 우리는 심각한 숫자들을 알게 된다. 누적 북한 여성의 추정 숫자 2만4천 명가량(총 북한 이탈주민의 약 80%), 그중 20-40대 북한 여성 1만6천 명가량(추정: 북한 여성의 약 70%), 또 싱글인 북한 여성 8,000명가량(추

정: 20~40대 북한 여성의 약 50%).

그런데 더 심각하다고 생각되는 숫자는 아래에 있다. 최근 남한으로 입국한 북한 이탈주민은 2010년에는 2,402명이었고 2011년에는 2,706명이었다. 그런데 갑자기 2012년부터 1,502명으로 떨어졌고, 2013년에는 1,514명, 2014년에는 1,397명, 2015년 1,276명으로 계속 하락했다. 2016년 7월까지는 815명이 들어왔다. 이 중 싱글 탈북여성의 숫자는 몇 명이며 남남북녀 결혼 당사자들이 원하는 나이의 여성분들이 또 얼마일까? 여기에 남한 남성이 만날 수 있는 탈북여성의 연령대와 전국에 난립하여 있는 업체들을 비교하면 한 업체에서 선택할 수 있는 폭이 좁다. 또한, 결혼정보회사에 가입한 남성들에 대한 이미지가 탈북여성들에게는 그리 좋게 보이지 않는다. 더욱이 정말 결혼 때문에 업체에 등록하고 인연을 만나려고 하는 탈북여성들이 과연 몇 명이나 될까?

정상적인 영업을 하는 업체의 경우에도 줄어드는 탈북여성 숫자에 대한 문제점은 극복할 수 없는 현실이다. 여기에 숫자보다도 더 극복할 수 없는 문제점도 있는데 그것은 바로 그들이 탈북과정에서 형성된 복잡한 가족관계와 과거 경력이다. 아래는 남한 남성들이 북한 여성결혼을 선택할 때 가장 높은 선호도를 보여 주는 두 가지에 대한 반론이다.

"북한 여성이 순수하고 착하다?"

사전에서 찾아본 '순수하다'의 뜻은 '전혀 다른 것과 섞이지 않았고 사사로운 욕심이나 못된 생각이 없다'이며 '착하다'는 뜻은 '언행이나 마음씨가 곱고 바르며 상냥하다'는 뜻이다.

△통일커플 360커플탄생 기념식

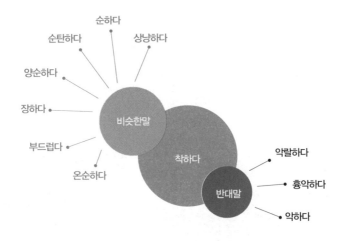

　현재 남한에서 사는 탈북여성들 대부분은 마음 깊은 곳에는 순수하고 착한 마음이 깔렸지만 쉽게 드러내지 않는다. 오히려 더 잘 대해 주는 누군가를 만나면 '이 사람이 왜 이러지? 혹시 나를 이용?' 등의 부정적인 인식이 더 강하고 약간 이중적인 모습으로 살아간다. 털어놓고 싶고 공유하고 싶은 과거들이 많지만, 그럴 때마다 남한 남성이 어떤 생각으로 받아들일지를 자기식대로 시나리오도 그려 보고 결론도 내린다. 그래서인지 쉽게 탈북여성들 대부분은 쉽게 쓰러지지도 않고 또다시 굳건히 일어서는 이유이기도 하다.

　그런 북한 여성이 순수할 거고 착할 거라는 생각으로 배려심 있게 매너 좋게 대화를 해도 선뜻 자기를 드러내지 않는다. 그리고 어처구니없는 도도함으로 생각 없이 툭툭 내던지는 말들에 상처를 받는 남한 남성들이 많다. 그렇다면 그녀들의 순수하고 착한 마음은 언제 나오는 것일까? 결혼에 성공해서 이 사람과 함께 평생 가야 할 가족이라고 생각되면 그때는 한없이 착하고, 여리고, 눈물 많고, 애절하게 가족을 위해 헌신하는 탈북여성의 참모습이 나온다. 결론은 그녀들을 알기까지는 시간이 걸리며 한두 번의 만남으로는 북한 여성에 대해서 다 알 수가 없다는 것이다.


### "탈북이유가 먹고살기 힘들어서?"

지금의 남한사회는 가족을 이루고 하루하루 자녀들을 키워 가며 평범한 직장인으로 살아가기가 너무 힘든 것 같다. 북한 여성이 배고픈 나라에서 왔으니 밥은 먹여 줄 수 있겠다고 생각하는 남한 남성이 뜻밖에 많다. 더욱이 혼자만의 생활도 안 되는 남성분들이 지금 조건이면 괜찮을 것 같아서 북한 여성결혼을 선택하시는 분들도 참 많다.

현재 남한에서 북한 여성들이 사는 전반적인 수준은 정부에서 지원한 임대아파트(국민임대, 영구임대)에서 하나원을 나올 때 통장에는 기본 300만 원 이상 찍혀서 나온다. 일단 마이너스인생은 아니며 근면 성실히 주어진 회사 생활하면 통장 잔고는 조금씩 늘어 대부분 북한 여성이 그럭저럭 잘살고 있는 형편이다. 또 임대아파트에서 살면서 악착같이 저축해 5년 정도 지나면 장기전세나 오피스텔 등 조금 더 나은 환경으로 이사하여 살고 있다. 월급도 평균 150

△ 통일커플 결혼식에서

만 원 이상은 받고 있고, 또 꼭 능력은 안 되지만 새 차를 보유하고 있는 여성분들도 많다.

중요한 것은 남한 남성을 만나서 가족을 이루려고 하는 싱글 북한 여성들이 현재 본인 조건보다는 더 나은 삶을 원하며, 더 나은 조건의 남성분을 만나려고 한다는 것이다. 주변 배려로 맛있는 음식과 국내 좋은 곳들도 웬만하면 한 번씩은 가 본다. 오히려 가 볼 기회가 남한사람들보다 더 많은 것 같다. 더욱이 후원하는 단체들도 많아서 나름대로 평균 정도의 삶은 살고 있다고 보인다. 이러한 북한 여성들을 상담해 보면 가지고 있는 자존심이 아주 큰 여성들이 많다.

과도한 대출, 신용 문제, 직업이 균일하지 않고 현재 혼자의 생활

비도 감당하기 힘든 남성, 경제적으로 각박한 현실에 직면해 있는 남한 남성이라면 우선 본인 문제부터 해결해야 한다고 말씀드리고 싶다. 경제적 이유 말고도 부모님 반대, 주변 의식, 북한 여성의 과거 경력, 술 문화 등 이 밖에도 북한 여성과 결혼에 성공하기 위해서는 넘어야 할 산들이 많다. 이쯤 되면 북한 여성결혼은 정말 비호감일 것이다. 그러나 북한 여성결혼의 장점은 그녀들이 어떤 일이 있더라도 가족만큼은 죽어도 포기하지 않으며, 가족을 위해서는 어떠한 희생도 감수한다는 것이다. 이처럼 평생 있을 단 한 명의 여성을 만나는 여정은 쉽지만은 않다.

정말 어렵고 힘들겠지만, 방법은 북한 여성에 대하여 깊이 알아가는 것이다. 그리고 온라인, 오프라인 등 어떤 기회와 채널을 통해서든 북한 여성을 만나 대화를 해보는 그런 부단한 노력이 좋은 결과로 이어질 수가 있다. 마지막 바람은 북한 여성들의 마음속 아픔을 넓은 배려심으로 안아 주는 남한 남성들이 많아서 더 많은 통일 가족이 함께 어울려 살아가는 하나가 된 대한민국이기를 기도한다.

어느 날…. 저는 그곳을 떠날 수밖에 없었습니다. 삶이 죽음보다 더 무서웠기에 그래서 죽을 수도 있는 길을 저는 떠났습니다. 그렇게 십 년이라는 시간을 남한에서 살게 되었습니다. 사는 동안 단 하루도 쉽게 살지 않았습니다. 어쩌면 이미 죽었을 수도 있는 삶을 살아 내는 거라 정말 하루하루 간절하게 최선을 다해 왔습니다. 그리고 유난히 더웠던 2016년 여름 저는 글을 썼습니다. 북한에서나, 남한에서나 문학에 대한 공부를 해보지 못했던 제가 글을 썼습니다. 처음에 책을 쓰기로 하고 첫 페이지를 넘길 때의 마음과 지금 원고를 마감하고 나서의 저의 마음이 완전히 달라졌습니다.

한껏 부풀어서 잘 살아온 듯이 뭔가 남기고 싶다는 우월감에 시작했던 첫 페이지를 이제는 마음이 공허하고 스스로 부족함을 느낍니다. 북한에서 태어나 인생을 너무나 몰랐던 제가 10년간 얻은 남한에서의 소중한 경험은 아마도 세월의 흐름과 더불어 더 넓고 깊게 성찰하게 될 것 같습니다.

태어나 세상을 살아가면서 손에 쥐고 있는 인간의 욕망은 과연 어디까지일까요? 저는 사람은 서면 앉고 싶고, 앉으면 눕고 싶고, 누우면 자고 싶고, 그냥 그렇게 살다가 죽는 줄로 알았습니다. 그렇게 북한에서 생존을 위한 먹고 사는 것에 급급했었고 그러다가 삶이 끝나는 것으로 알았습니다. 그런데 편안한 생존 행동뿐만이 아닌 건강한 정신상태와 만족스러운 포만감, 그리고 다른 사람들에게 비칠 아름다움과 갖춤새 등 또 다른 욕구가 있는 줄 알게 되었습니다. 그것이 조금씩 조금씩 채워지면 더 채우려고 그렇게 쫓고 쫓기며 삶을 살아가게 되었습니다.

제가 읽은 책에는 어느 순간 다다라서 비우라고 합니다. 삶의 아주 아스라이 높은 곳에서 내려다보면 세상만사 부질없는 것이라고 합니다. 그런 '무소유'가 멋있어 보였고 언젠가 그곳에 닿을 거라고 책을 볼 때 마음은 분명 그랬습니다. 인간의 욕망과 마음이 이다지도 간사한 것일까요? 그렇게 현실을 다독거리며 인정하다가도 일정한 시간이 지나면 다시금 뭔가를 쫓고 쫓기며 그렇게 삶의 시간이 흘러갑니다. 말로는 '사는 게 별게 아니야!' 이러면서도 또 '다른 사람들도 그렇게 살아가고 있는 거겠지!' 이렇게 위안받으며 사는지도 모르겠습니다. 하지만 아직은 제가 해야 할 일이 있습니다. 바로 지금은 꼭 이루어야 할 목표와 꿈이 새벽에는 저를 소스라치게 하고 심장을 뛰게 합니다. 어쩌면 북한 정권에 의해, 아니면 탈북과정의 위험한 상황에서 이미 끝났을 제 삶이 악착같이 지금도 살아 숨 쉬고 있다고 깨우쳐 줍니다.

먼 훗날 삶이 끝나는 날이 오면 노력해 보지도 못하고 안주했던 시간에 후회하지 않도록 최선을 다하겠습니다. 빈손이었던 제가 이제 조금 지킬게 생겼다고 섣부른 어리석음으로 우쭐하지 않겠습니다. 항상 바르게 살고 주변을 돌아보며 베풀고 나누는 삶을 살겠습니다. 더 열심히 노력하며 세상과 소통하겠습니다. 그리고 지금 저의 책을 읽고 계시는 독자분들의 주변 가까이에는 탈북민들이 많이 살고 있습니다. 아마 시간이 흐르고 세월이 흐르면 우리는 잊힐 수도 있습니다. 잊힌다는 것은 또 다른 것들의 채워짐으로도 불릴 것이지만, 그렇게 우리는 탈북민으로 이미 끝났을 수도 있는 삶을 계속 이어갈 것입니다.

이제 말하려고 합니다. 저의 가슴으로, 저의 눈물로, 저의 아픔으로, 수많은 탈북민의 삶으로, 두고 온 고향 땅에 계시는 부모님들과 형제, 친인척, 그리고 북한의 모든 사람에게 남한의 자유민주주의의 위대한 진가를 말하려고 합니다. 세상이 저를 비롯한 우리 탈북민들의 삶을 통하여 들을 수 있게, 북한의 독재가 한 세기가 넘어가는 동안 수천수만의 국민의 인생을 어떻게 난도질했는지를, 얼마나 천인공노할 만행을 저질렀는지를 똑똑히 증언할 것입니다. 또한, 세상이 저를 통하여, 우리 탈북민들의 삶을 통하여 볼 수 있게 생명의 위협을 이겨 내며 역경을 딛고 당당히 성장하는 애환의 역사를 똑똑히 남길 것입니다. 이것이 제가 10년의 기간을 책으로 내고 싶은 이유이기도 합니다.

삶은 위대합니다. 지금 이 시각도 어두운 터널이라고 생각하는 이 시대의 청춘들과 가장들, 엄마들, 아이들, 더더구나 다문화여성들과 3만 명의 탈북민들에게 저의 소박한 책이 희망의 메시지가 되었으면 좋겠습니다. 아오지 여자가 빈손에서도 이루어 낸 현실적인 삶이 이야기들이 많은 분께 할 수 있다는 긍정의 자신감을 불러왔으면 좋겠습니다.

그동안 제가 하루 한순간도 지치지 않고 이겨 나갈 수 있게 곁에서 힘이 되어 준 남편과 아이들에게 사랑한다고 말하고 싶습니다. 항상 응원해 주시는 저의 직원들께도 고맙습니다. 저의 미천한 수준의 글이 책으로 나올 수 있게 온갖 심혈을 기울여 만들어 주신 세창미디어에 감사합니다. 아울러 귀한 시간을 내셔서 읽어 주신 독자분들께도 마음속 깊이 인사드립니다.

저에게 인생의 새로운 희망을 안겨 준 대한민국에 머리 숙여 감사의 인사를 올립니다.